シリーズ◆荒れる青少年の心
関係性の病理

傷つけ傷つく青少年の心

発達臨床心理学的考察

伊藤美奈子・宮下一博 編著

北大路書房

はじめに

　古来，聖徳太子の時代より，日本社会では「和をもって尊しとす」という考え方が主流であった。「場を重んじる文化」「恥の文化」とも言われたように，人と人との関係を重視し，世間とのつながりの中で自分を保つという方向性が第一に考えられる傾向にあった。ところが近代になり，欧米の文化がどんどん流入してきた結果，日本文化そのものにも大きな変化が見られた。人との和を重視する考え方から，個を重視し個を主張する時代へという大きな転換である。古き時代には「我を主張してはいけません」「人との和を大切にしなさい」というしつけがなされてきた家庭や学校でも，「自分を表現しなさい」「自分の考えを主張する力を伸ばしましょう」という新たな方向が示されるようになった。もちろん，全体の中に個が埋もれてしまったり，調和を重んじるあまり自分を殺して生きねばならなかった社会に比べて，今の時代はずいぶんと自由であり，「滅私奉公」などという言葉も死語になりつつある。街に出ると，自分らしさを思い切り表現した青少年たちが闊歩している。

　しかし，現代日本社会における個人主義的風潮は，まだ本物ではない。欧米のように筋金入りの個人主義国家では，生まれ落ちるなり「個」で生きることが求められる。そこには自分を大切にする強さもいるだろうし，孤独に耐える力も必要だろう。他者の「個」を大事にするという成熟した人権意識も必要とされる。日本文化の土壌には，まだまだ「人は相見互い」「以心伝心」という甘えの文化が残っている。西欧社会ほど自分と人との間に明確な境界線がないために，人の個性や権利を認めるという意識は十分には形成されていない。その結果，自分のことだけを主張して周りへの配慮ができない「自己中心的」で「わがまま」にも見える人間が増えている。また，「一人で生きる」という強さを伴わない場合は，個を主張しつつも，人と一緒でないとどこか不安になり，人との関係性を求めてしまう。しかし，人と関係を持つことは摩擦の原因ともなり疲れてしまう。その結果，メールや電話という間接的なツールによるコミュニケーションが使われたり，ネット上の仮想の関係に没入したりという倒錯現象まで生じている。関係性を求めながらも，その

関係で傷つき，またその傷を癒すために関係を希求していく青少年の姿が見えてくる。

　本書は，そうした関係性の中で傷つけ傷つく青少年の心理について明らかにしようというのがねらいである。関係性をめぐる心理臨床理論を概観した上で，具体的なテーマについて青少年の実態と，それへの対応を考えてみたい。またコラムには，現代的なテーマを多く盛り込んだ。関係性を渇望しながらも，傷つきを恐れて関係を絶とうとする多くの青少年たち。そうした青少年を理解する一助となれば幸いである。

　最後に，本書の企画から編集に至るまで，滞りがちな筆を励まし貴重なアドバイスをいただいた北大路書房の薄木敏之氏・廣田由貴子氏に，心から感謝の気持ちを申しあげたい。

2004年 8 月

編者　**伊藤美奈子・宮下一博**

目次

はじめに

第1章 関係性の定義と関係性の病理の形成メカニズム　1

第1節――「関係性」をめぐって ……………………………………… 2
1 人間存在と関係性　2
2 関係性の諸相　4

第2節――関係性の病理の形成のメカニズム ………………………… 7
1 サリバンの理論　7
2 コフートの発達理論　14
3 エリクソンの理論　21

第2章 関係性の病理をもつ青少年の実態とその内容　35

第1節――関係性の病理のレベル ……………………………………… 36
1 神戸連続児童殺傷事件にみられる関係性の病理　36
2 関係性の病理をどうとらえるか――社会・文化的背景，病理水準，発達――　37
3 関係性の発達と病理　38

第2節――関係性の病理の諸相 ………………………………………… 42
1 友人関係　42
2 親子関係　49
3 非行にみる関係性の病理　55
4 不登校　61
5 境界性人格障害　67

第3章 関係性の病理をもつ青少年への対応　81

第1節――対応する際の原則 …………………………………………… 82
第2節――対応の実際 …………………………………………………… 88
1 友人関係　88
2 親子関係　95

Contents

　　3　非行にみる関係性の病理　　103
　　4　不登校　　109
　　5　境界性人格障害　　115

付章　関係性の病理をもつ青少年を理解するための文献・資料集　　129

　引用文献　　133
　人名索引　　139
　事項索引　　141

コラム

　①愛着と対人関係との関連　　30
　②青少年の友人関係の現状　　31
　③現代青年の恋愛は変化したか　　32
　④青年の結婚観　　33
　⑤反抗期の「意味」　　75
　⑥テレビゲームと対人関係　　76
　⑦携帯電話による友達とのコミュニケーション　　77
　⑧ペットブームの背景　　78
　⑨不登校児への絵画療法―円枠感情表出法―　　79
　⑩援助交際―青少年の加害と被害―　　124
　⑪パラサイト・シングルを作り出す親　　125
　⑫成田離婚・熟年離婚　　126
　⑬老親の介護・看取りをめぐる親子関係の変化　　127
　⑭インターネット上の自分探し　　128

第1章

関係性の定義と関係性の病理の形成メカニズム

第1節 「関係性」をめぐって

　文明化・機械化が進み，便利で摩擦のない生活が追求された結果，人と人との関係が希薄化したといわれる。直接対面してのかかわりや，互いの生活への介入が忌避(きひ)される一方，通信機器の発達にともない，モノを通しての密な会話が不可視空間を飛び交っている。人との関係に傷つき，それでも人との関係を求め，ネットのなかでの擬似家族・擬似友達との深い会話に没頭していく若者も少なくない。

　本章では，本書のテーマである「関係性」をめぐる重要な理論を概観する。代表的な理論の紹介は第2節に譲り，第1節では「関係性」という言葉をめぐる諸側面について概観する。

1　人間存在と関係性

　和辻(1962)によると，もともと「人間」という言葉は「よのなか」「世間」を意味し，後に誤って「人」の意味になったという。この言葉をめぐる意味の変容は，個として存在しつつも全体（人との関係）のなかで生きていくしかないという人間存在の本質を最もよく表しているといえよう。「自分（個）」を活かしつつ，「人（他者，社会）」との関係のなかで生きるという点で，人間は二律背反性を背負った存在である。

1——精神病理と関係性

　この相克を，精神病理の根底に見ようという視点が精神医学理論のなかに散見される。たとえば，木村（1988，1990）は統合失調症（精神分裂病）を"人間関係の病"ととらえている。この病の謎に迫るひとつの鍵として，「他者に対して自己を主張しながら社会的環境にかかわるという，近代化された人間の二重課題」を指摘した。さらに，精神医学的治療の究極的な目標は，患者個人における病変や症状の除去にではなく，患者と彼をとりまく他者たちとの関係の正常化に向けなければならないと論じている。

　他方，「羞恥の二重構造」という対人恐怖症の病理に注目したのが内沼（1984）である。それによると，人間は「没我と我執という2つの契機に引き裂かれて，対人関係の『間』に生きざるをえない」といわれる。つまり対人恐怖症という病は，他者にさらされた自分の姿と，その姿を見つめる自分自身との葛藤であり，内面化された他者と自己との相克であるといえよう。

　このように，人間は，人との関係を築いていくという方向性とその主体となる自己との間に矛盾や葛藤を抱えながら生きていくのが常であり，そこに大きな破綻をきたしたとき，深い悩みや精神病理を抱えることになるといえる。

2——人間発達と関係性

　自己と他者との関係性が生来的なものではなく，成長の過程で人とのかかわりのなかで徐々に身についていくものであるとすれば，この「関係性」を発達という時間軸のなかでとらえることが可能であろう。

　人間の発達の諸相を，この自己（個）と他者（社会）との「関係性」という観点からとらえた理論は数多い（第2節で紹介するエリクソン理論もそのひとつである）。ここでは，精神分析の立場から人格の形成過程を究明したストー（Storr, 1960）の発達論を紹介したい。彼によると「人格の成熟」とは，ユング（Jung, C. G.）のいう自己実現（個性化）と，フェアバーン（Fairbairn, W. R. D.）が提起した「成熟した依存性」を統合的に獲得していく過程であるという。自己実現を成熟の終極的目標としつつも，その大前提として自己と他者との人格的交わりを重視する。この2つの方向性は，人格の発達を織り成す2つの道筋―個性を尊重し自己実現に志向する方向と，社会適応や他者と

の共存をめざす社会化の方向—を意味するものであり，人間存在の本質をとらえる重要な視点であるといえよう。

しかし，この2つの方向性が常に調和的共存を図れるとは限らない。とりわけ，唯我独尊的な子ども時代から，自己意識や人の目に対する意識が高まる思春期・青年期に移行していく時期には，この自己と他者との葛藤はさまざまな悩みや精神病理的問題にもつながる危険性をもっている。先にあげた統合失調症や対人恐怖症が思春期・青年期を好発期としているのも，思春期・青年期という発達上の過渡期がもつ危うさを示すものであろう。

2 関係性の諸相

次に，思春期・青年期における「関係性」という概念の複雑さを考えるために，いくつかの位相からとらえ直してみたい。

1 ——現実生活のなかでの関係性とイメージのなかでの関係性—内と外—

思春期・青年期というのは，先述したように，自己に対する意識が第二の誕生を経験し，それが深まる時期である。「自分って何？」という問いかけをくり返したり，わが身をふり返っての内省ができるようになるのも，この時期の大きな変化である。つまり，内的世界に「もうひとりの自分」を抱えるようになると同時に，他者の目を積極的に取り込むのも，この時期の特徴といえよう。もちろん，内的対象の構築はけっして思春期・青年期の特権ではない。たとえば，親（人生早期の重要な他者）の禁止やしつけを取り入れることにより，超自我の規律的・禁止的側面が形成されるといわれるように，対象表象を取り入れ自己表象に変容していくプロセスは，誕生時から始まっている。しかし，内在化された他者のイメージと「内なる自分（もうひとりの自分）」との間で深い対話がもてるようになるのは，抽象的認知能力の発達を遂げる思春期・青年期に入ってからといえるだろう。

ところが，この時期は，取り込んだ人（とくに親しい他者）の目で自分自身を縛ってしまうという問題を抱えやすい。中学生・高校生たちが「まわりのみんなから嫌われている」という呪縛にとらわれたり，「なんでもできる友人」

との比較により落ち込んでしまったりと，自分のなかにいるイメージ上の"他者の目"との相克も大きい。

　また，思春期・青年期の入り口にあたる反抗期に展開される親子間の葛藤は，自分のなかの「甘えの対象」である「親イメージ」を殺し，ひとりの対等な人間としてのイメージに作り変えていくプロセス（親イメージの死と再生の過程）と解釈される。幼少期から思春期・青年期にかけて，子どもたちは，現実の親への甘え（肉体的しがみつき）を脱し，徐々に自己内のイメージへの依存に切り替えていく。その意味で，子ども時代からの親との関係性が質量ともに変化していく過程ととらえることもできるだろう。

　このように思春期・青年期は，現実世界での人間関係だけでなく，自己の内的世界における重要な他者との関係性が，心身の健康や成長の影響を受けて大きく変容していく時期であるといえる。

2──現実世界で結ばれる関係性と虚構のなかでの関係性─実と虚─

　青少年にとって携帯電話や電子メール，そしてインターネットは今や手放すことのできない通信ツールとなっている。これらの機器の発達により，青少年の人間関係は少なからず影響を受けたといわれる。プラス面としては，交流範囲が広がり，かつ活発化した点がある。手軽に，しかも直接の接触なしに連絡がとれるため，友達どうしの「会話量」がふえたという見方もある。しかしその一方，電子メール等によるやりとりは，思春期・青年期の人間関係を（直接的関係が減った・避けるようになったという点で）希薄化させ，コミュニケーション不全現象を生んだという指摘もある。その一方で，「人といないと不安」「群れていないとさびしい」という心理もまた，青少年たちの間に広がっている。すぐに答えが返ってくるという便利さが，「すぐに答えが返ってこない場合」の孤独感や疎外感，相手に対する不信感など過敏な反応を生み，それが互いを縛ってしまうという現象である。

　このように思春期・青年期という時代は，虚構の世界における関係性に親和性が最も強まる時期なのかもしれない。

③──「関係性」の二面性─きずなとほだし

「絆」という字が,「ほだし」(これは,古語で「しがらみ」という意味)という別の読み方をもっていることからもわかるように,人間関係の絆は,癒しや支えあいというプラス面と同時に,束縛やしがらみという負の側面ももっている。

人との関係を築こうとする場合,「人との絆」による安心感が得られる半面で,「かかわりによるわずらわしさ」があるのも事実である。とりわけ,家族という濃密な血縁関係のなかで,その二面性が顕著に現れる。子どもも思春期・青年期になると,自身の中に「親から自立したい」「ほうっておいてほしい」という心理が強まってくる。そんな青少年にとって,家族からの「愛情」という名の拘束は,自らの自由を奪うものとしてうっとうしく感じられるようになる。しかしその半面で,十分に自立しきれていない青少年には,家族との関係のなかで癒される部分も大きい。外の世界で傷ついたときも,帰ってホッとできる家庭があることで,危険な行動化を未然に防止できる場合もあるだろう。

以上のように,「関係性」は人が人であり続けるためには不可欠・不可避なものであるが,その多層性や多面性ゆえに簡単には論じがたい。しかし,人間関係の希薄化・分断化が危惧される現代社会だからこそ,とりわけ社会のなかで生きていく入り口にあたる思春期・青年期には,この両極の狭間で揺れ動きながらも絆をつむいでいく作業が大切となる。次節以下では,「関係性」をめぐる諸理論を概観したうえで,「関係性」という概念を切り口に,思春期・青年期の発達や病理についてみていきたい。

第2節

関係性の病理の形成のメカニズム

1 サリバンの理論

　アメリカの精神科医，ハリー・スタック・サリバン（Sullivan, H. S., 1892-1949）は，統合失調症者への精神療法的接近を行った卓越した臨床家である。そしてまた，精神医学を「対人関係論」であると定式化し，対人関係の場で生成される自己組織の発達論を体系的に構築した理論家でもある。

　人は対人関係の相互作用のなかで行動を決定するものであり，個人を対人の場から引き離して単独で語ることはできないとサリバンは考えていた。「自己」という実体があるかのように仮定するより，その場その場で展開される関係性のなかに見いだされる持続的なパターン，その観察可能な関係性のパターンを自己のシステム，「自己組織（self-system）」としてとらえようとしたのである。彼によれば精神症状とは，個人の内界に端を発するものというより，対人関係の歴史のなかでパターン化された，「不安」を回避もしくは最小化し安全を獲得するためのシステムが失調することである。したがって精神療法においては，人と人のかかわりのなかで現れる現象として症状をとらえ，治療者は，治療の場に自らをさしだしながら同時に患者の関係性のあり方を客観的に観察する「関与しながらの観察（participant observation）」を行う。治療者は，精神療法という対人関係の場において，患者が不安に対する脆弱さを見せる箇所がどこにあるかを探り，ゆがみを内包した安全獲得のしかたを患者自身が意識化できるよううながす。つまり，治療の場で展開される関係性のあり方を「関与し

ながら観察」することをとおして，関係性生成の歴史をたどり，不安への過度の警戒によって狭められた「自己組織」が拡大するように治療的な接近を試みることこそが精神療法過程なのである。

関係性の発達過程を詳細に表したサリバンの理論体系は，彼の臨床実践体験とともに，自身の生活史がモデルとして織り込まれているといわれている。彼の理論のある部分は，彼の個人的体験に根ざすところが大きく，実際の子どもの発達のなかでは実証できないという批判もある（Chapman & Chapman, 1980）。それでもなお彼の理論には臨床実践上で示唆を与えられることが多く，その有用性が薄れることはないと考えられる。

以下，サリバンの理論に従って，①子どもの発達において，対人関係のなかで「自己組織」が形成されていくありよう，②病理的な関係性が形成されるメカニズム，③病理的な関係性の変化可能性，について述べていく。

1──対人関係のなかで形成される「自己組織」

人間は完全に自分以外の人間に依存した状態でこの世に生まれてくる。「おなかがすいた」というような身体的な欠乏から緊張感が生じてくると，赤ちゃんは「泣く」という行動に駆り立てられる。それを聞いた母親（もしくは母親役を担う者）は赤ちゃんの欲求（needs）を解し，乳首を含ませようとする。そして赤ちゃんには満足が訪れる。

乳児の欲求が母親の「やさしさ行動」を引き出すことによって対人関係の場を統合するのである。やがて乳児のなかには過去の体験の想起に基づいて「適切な行動をとれば欲求が満足される」という予見が生じ，過去─現在─未来が連続的に体験されるようになる。

しかし母親のなかに何らかの理由で「不安（anxiety）」による緊張があった場合は，上記とは異なった展開をたどる。母親の不安は感情移入（empathy）によって乳児のなかにも誘発される。この誘発された不安による緊張は乳児自身の内に原因をもたないのであるから，満たされて解消されることはない。乳児にできるのは無感情状態になって緊張を弱めることだけである。また，予見により回避することもできない。そこで乳児のなかには，不安を免れ，心地よい安心を得たいという「対人的安全保障（interpersonal security）」を求める

欲求が生じる。この欲求が，子どもが社会のなかで生きていくために必要なことを学習する動機づけの力となるのである。ちなみにサリバンは「不安」という語を，情緒的苦痛のあらゆる形態を含む広い概念として用いている。不安とは基本的に理解不能な，断片的，未分化なものである。そして，非合理性を多分に含んだ社会に適応するよう調節しながら生きていかねばならない人間にとって，「不安」は避けて通れないものであるとサリバンは考える。だからこそサリバンは，身体的欲求の満足と並んで，何とかして不安を回避し安全保障感を獲得したいという「安全への欲求」を人間の二大欲求としてあげたのである。

　子どもは成長するにつれて，「不安が誘発される場面」と「そうでない場面」の区別をつけられるようになっていく。とりわけ不安が誘発されやすいのは，自分にとって重要な他者からしりぞけられるような場面であるから，関係性における承認—不承認のサインを手がかりとして，しだいに「不安が誘発される場面」を回避できるように行動を形作っていく。そして不安を回避して関係性を維持し，「安全欲求」を満たすために二次的に学習され構築されたパターンが「自己組織」となっていくのである。「自己組織」を中井（1990）は「過去の重要人物の評価による傷跡の集大成」と，チャップマン夫妻（Chapman & Chapman, 1980）は「不安の襲撃から個人を守るために築かれている感情の城壁のようなもの」と表現している。つまり，形成の歴史という観点から見れば関係性における「傷跡の集大成」であり，個人の心の中で果たす役割という観点から見れば「城壁」であるといえるのである。

　自己組織が行う安全保障操作のひとつとして，サリバンは「選択的非注意」のメカニズムをあげる。不安という非常に不快な経験は，自分の体験にとりこめないものであるから，顕微鏡の焦点を絞ると周囲が視野に入らなくなるように，快い体験に焦点を絞ることで不安を意識の外に追いやり，自己の安定を守ろうとする。こうして排除された体験はしだいに認知されにくくなり，意識の外に「解離（dissociation）」されていく（この解離のメカニズムは精神分析の用語では「排除」「否認」にあたる）。「選択的非注意」あるいは「解離」のメカニズム自体は，人が不安にさいなまれずに生活するために日常的に用いている方策である。時に不安を誘発する対人関係に耐えていけるのは，このメカニズムのおかげといってもよい。しかし，選択的非注意によって意識されなくな

ったことがらは，次に同種のことがらと出合ったときに，判断のもととなる想起を提供できないために，同じ失敗をくり返してしまいやすい。したがって，自己の統合性を守るためのこのシステムゆえに，自己組織は一定不変の傾向をもち，不健康なパターンであっても反復されてしまうことになるのである。

2──病理的な関係性の形成メカニズム

サリバンは「病的な人間が示す偏ったものなどどこにもない」「あるのは程度の差だけである。すなわち強度と時期の差だけである」と述べ，精神障害といわれているものは不適切不十分な対人関係のパターンであるとしている。したがって，これから記述するメカニズムは病理的なケースのみに現れるものではない。のちの発達のなかで修正する可能性があるにもかかわらず，持続されてしまう場合に，人格の発達をゆがめてしまう危険性を内包した関係性のパターンであると理解していただきたい。

（a）隠蔽と欺瞞

小児期になると，排泄のしつけに代表されるように，両親が子どもに教え込もうとする教育努力が圧倒的に増加する。また，しつけの担い手，すなわち権威的人物として，父親の存在が大きく子どもの生活にかかわってくるようになる。「こういう行動をとると怒られる」とその体験の想起に基づいて結果の予見が生じるような怒られ方であれば，子どもはそのルールを身につけていくだろう。しかし，大人の怒り方に首尾一貫性がない場合や，子どもの自己価値感を傷つけ，強い不安を起こさせるような怒り方をする場合，アメとムチを使い分けるような教育をする場合には，子どもは混乱するばかりで以後どうしたらいいのかわからなくなってしまう。そこで，自分の心のなかに起こっていることを隠蔽して権威的人物の目を欺く術を発達させはじめてしまうことがある。

欺き方のひとつは「合理化」（言い訳）である。不安や処罰を免れるためだけに言葉を弄する。この時，言葉は関係性をつなぐコミュニケーションの道具とはならず，相手を煙にまいて接触を遮断する役割しか果たせなくなってしまう。また，不安を回避するために目の前の別の行動に「没頭」することもある。たとえば，関係性において不安になりかけるとおもちゃや絵本を相手にした遊びのなかに逃げ込むといった場合である。いずれにしても，不安を誘発しそう

な関係性から退き，自分の心に生じる怒りのような感情をも隠蔽することができる（とはいえ，たまったうっぷんは憤怒となって爆発する可能性もある）が，関係性の深まりを犠牲にした安全保障操作であるといえる。

こうした「隠蔽と欺瞞」の能力が持続的に発達したかたちが，強迫的な（obsessive）生き方である。

(b) 悪意的方向

子どもが，これまで相手から「やさしさ」を引き出すことに成功していた行動をとったとき，なぜかやさしさを拒まれ，しりぞけられて不安が引き起こされるようなことになってしまったとする。これは非常に傷つく体験である。子どもが抱っこを求めて差し出した手を母親が振り払う場面を思い浮かべればそれは容易に想像できるだろう。そうした，「やさしさへの欲求」が手痛く裏切られる経験が度重なると，その欲求自体が緊張や不安と結びつくようになり，やがて子どもは欲求を表すことをやめてしまう。サリバンは母親が父親の悪口を子どもに言う場合の弊害を例にあげているが，直接子どもに向けられた悪意ではなくても，大人が自分自身や他者に対して抱く敵意を子どもの前で表すとき，その「悪意」は子どもに移入され，やがて子ども自身の関係性のパターンにも染み込んでしまう。やさしさ欲求を放棄するような回避法をとりはじめると，子どもは他者からやさしさを得るという貴重な体験を得られなくなり，やがてまわりの人間からやさしく扱われる価値のない人間という自己像を作り上げてしまう。

さらに，低い自己評価が習慣化することによって二次的に，他者をおとしめることで自己価値感を維持する関係性パターンや，社会的に孤立することで不安を最小化する関係性パターンを発展させてしまうことだろう。

(c) 解離システムの破綻

すでに述べたように，人は「不安」に対処し安全を得るために「自己組織」を構築していく。中程度の不安であれば対処方法を学習して反復を避けうるが，非常に強烈な不安や唐突に襲ってくる不安は，「自分ではないもの」として解離することでかろうじて心の安全を守ることしかできない。児童期中期以降には，家庭や学校の人間関係のなかで，「受け入れられる―拒否される」といった自己評価を大きく左右する経験にさらされることがふえてくる。そして，意

識の焦点コントロールの力が増すこともあり，解離システムを作り上げる可能性が増大する。しかしうっかり恐ろしいものと出合わないために不断の注意力を要するのと同様，解離を維持していくためには微細なサインも見落とさない覚醒した意識，「アンテナ感覚」を常にはりめぐらしておかねばならない。これはかなり心のエネルギーを消耗することであり，サリバンは「解離されたシステムと結合しているものは，すべて危うい」と警告を発している。

　したがって，解離の量があまりに多い場合や，解離を維持する自己組織が脆弱である場合には，そのシステム自体が破綻してしまい，解離された「自分ではないもの」が意識のなかに逆流してしまう危険性が高い。それらがまったく未分化な「不気味感」として流入してきて圧倒されてしまう事態が，意識の統合性の解体，すなわち統合失調症の発症であると考えられる。サリバンは，統合失調症とは，深い外傷体験が積み重なった関係性の歴史のなかで自己組織が破綻してしまった関係性の病であると考えたゆえに，治療においては彼らの深く傷ついた安全保障感を癒すことに重点をおいたのである。

　以上，病理性を内包した関係性のパターンをいくつか示してきたが，すべてに共通するのが，病理性の端緒を子ども自身の内界に探すのではなく，重要な他者との関係性のなかで持ち込まれたものとみる点である。その場しのぎでしかなく病理性を内包しているとしても，不安を最小化し自分を守ろうとしてとった安全保障操作であったのである。であるから，不安に直面させて意志の力で不健康なパターンを捨て去ることを求めるのは適切ではない。過去の反復としてではなく現在の関係性を見直し，正しい予見によって不安の脅威を減らすこと，そして関係性のなかでより健全な安全保障操作方法を発見していくことが重要なのである。

3──病理的な関係性の変化可能性

　サリバンは，子どもの人格の発達は柔軟なものであり，それまで発展させてきた健康な人格に病理的な関係性が侵食していく力より，それまで良好な関係性において築かれた健康さによって不安な対人関係を乗り越える傾向のほうが強いと考えていた。一般的には良好な関係性のほうが破壊的な対人体験より影

響力は強いのである。人間は基本的には健康へと向かう傾向をもっているのであるが，不健全な関係性が反復されることによって徐々にゆがみが生じてきてしまう。

それでもなお，発達段階の節目には，それまでのゆがみを修正する可能性が非常に高くなるという。新しい種類の関係性と出合うことの影響力は非常に大きいからである。選択的非注意のような安全保障操作によって変化が生じにくくなっている自己組織ですら，変化の可能性が高まるであろう。なかでもサリバンが重要視している児童期，前青春期を取り上げる。

(a) 児童期

児童期は，同年齢の子どもたちとの友人関係に対人関係の舞台を大きく広げる時期である。家庭内とは異なる価値観をもった多様な権威像と出合うことだろう。また，「合意による確認 (consensual validation；共人間的有効妥当性確認とも訳される)」の役割が大きくなる時期でもある。自分が抱いている「価値がある―価値がない」「正しい―まちがっている」「許される―許されない」といった感情や概念が，関係性のなかで合意が得られるかどうかを確認しながら確立していくのである。とりわけ児童期では同年齢集団のなかでの合意による確認によって，社会と折り合いをつける（調節しあう）ことを学んでいく。そのなかで，家庭内で共有されていた価値観や感情が相対化され，ゆがみや偏りが修正される機会が訪れるのである。

(b) 前青春期

性的感情が高まり異性に対する欲求が高まる前，8歳半から10歳くらいのころに，特定の同性の人物との親密な関係，すなわち親友関係 (chumship) を求めるようになる。その時期が前青春期である。この時期に現れる対人親密欲求が，のちの青春期や成人期において同性とも異性とも親密な関係をつくる基礎となるのである。親友の目をとおして自分を見つめることができるようになり，これまで身につけてきた関係性パターンも，親友関係において「合意による確認」を行うなかで見直しが図られる。前青春期の成立を許さないほど大きいものでない限り，ゆがみは修正され，自己組織は決定的に拡大する。11頁で取り上げた「悪意的方向」でさえ，親密欲求の強力さに突き動かされて親友ができると改善されることがあるという。

ただし，チャップマン夫妻（1980）は，親密性の感情が発達しはじめるのが児童期後期からであったとしても，それが十分に成熟するのは青春期および成人期においてではないか，と修正を施していることも付け加えておく。

　最後に，サリバン理論による，精神療法における病理的な関係性の変化可能性についても述べておきたい。彼が治療者と患者の間で生じる関係性の場で治療を行うことを強調したことはすでに述べた。そして，前青春期の親友関係にあらゆる精神療法的変化可能性を見いだしていたように，彼は治療の場においても，病理的な関係性パターンを奪うのではなく，ともに妥当性を吟味していくことで自己組織の拡大をめざした。彼は「人間の行動は不安という邪魔さえ入らなければ協力と相互満足，相互安全保障という終局目標に向かって積極的に進むものである」という理念に基づいて治療実践を行っていたのである。

2　コフートの発達理論

　現代アメリカ精神分析学において最も革命的な変化は，患者の自我の発達や，それに対する治療者の心理反応を研究・臨床の対象とするワンパーソン心理学（one-person psychology；個々の人間の心理の心理学）から，患者の心理が変化すれば，治療者の心理も変化するはずなので，その対を扱っていかねばならないというツーパーソン心理学（two-person psychology）への移行であるとされている（Stolorow et al., 1994）。

　この現代アメリカ精神分析学の礎を築いたとされるのが，ハインツ・コフート（Kohut, H., 1913-1981）である。

　コフートの創設した自己心理学は，アメリカでは，治療実績のよさと患者の側の心地よさのために，市場原理を勝ち残り，現在，最も人気のある精神分析理論となっている。自己心理学については，さまざまな定義がなされ，コフートの没後も論争が続いているが，現代自己心理学の論客で，その重鎮とされるベイカル（Bacal, H. A.）が1998年版の自己心理学の年鑑，「*Progress in Self Psychology*, vol.14」の巻頭言で，非常に的を射た定義をしている。

> 自己心理学は，事実上，関係性というコンテクストのなかにおける個人の体験の心理学である。他の（精神分析的な）関係性理論——たとえばいわゆる「対象関係論」——と対照的に，自己心理学は，関係性そのものというよりむしろ，関係性のコンテクストのなかでの，体験に焦点を置く。(Bacal, 1998, p.viii)

　ここにコフート理論の2つの柱が集約されている。1つは，個人の主観的な体験世界の重視（これは，無意識など深層心理より主観的な体験世界を重視するという意味で，精神分析のなかでは画期的なものであった），もう1つは，個人の体験を語るにしても，人間関係のコンテクストと切り離して考えることができないという意味での関係性の重視である。
　本稿では，このコフート理論における関係性の側面に焦点をあて，コフートの発達理論を，関係性の発達理論として紹介したい。

1──未熟な自己愛から成熟した自己愛へ

　コフートは，もともとは正統派の精神分析学界の重鎮で，1964年にはアメリカ精神分析学会の会長にも選ばれているが，彼が正統派の精神分析の世界に異論を唱えはじめたのは，自己愛の扱いについてであった。
　自己愛とは，対象にではなく（対象にリビドーが向かう場合は対象愛という），自己（正式な定義では自我）にリビドー（愛情や関心のエネルギー）が向かう状態のことである。
　たとえば，男性がある女性とつきあうとして，その女性が絶世の美女なので，その女性とつきあうことで周囲から注目を集め，自分がいい気分になれるから恋愛をするという場合，リビドーはじつは相手の女性ではなく，自分に向いていると考えられる。これは対象愛ではなく，自己愛とみなされる。
　あるいは，その女性が自分を癒してくれるからとか，自分をほめて元気づけてくれるから愛するというのもやはり自己愛的ということになる。愛するより愛されたいのであれば，これも自己愛とされる。
　そして，この自己愛的な恋愛や人間関係は，古典的な精神分析の考え方では，病的あるいは未成熟なものと考えられていた。
　このラインでのフロイトの発達モデルでは，人間の愛情は自体愛から自己愛を経て，対象愛に発展していくというものである（Freud, 1914）。つまり，

第1章 ■ 関係性の定義と関係性の病理の形成メカニズム

　フロイトの関係性の発達観は，リビドーが，自分の身体の一部である口や肛門にだけ向かうという自体愛の状態から，人間の心のコントロールセンターである自我に向かう自己愛の状態を経て，最終的に相手にリビドーが向かう対象愛の状態になるというものである。
　これに対して，コフートは，もう1つの人間のリビドーの発達の方向性を想定した。

> 　私自身の観察は，別個のほとんど独立した2つの発達経路を想定するなら，実り多く，かつ経験的なデータとも一致する，という確信へと私を導いたのである。その1つの経路とは，自体愛から自己愛を経て対象愛へといたる道である。もう1つの経路は，自体愛から自己愛を経て，自己愛のより高度なかたちへの変形へといたる道である。(Kohut, 1971, p.198)

　つまり，コフートは自己愛を対象愛に変えていくだけでなく，自己愛をより高度な，成熟したかたちに変えていくことも発達ラインとして重要なのだと主張した。その後，コフートは，第2作目の著書である，『自己の修復』のなかでは，純然たる対象愛など存在しないとまで主張するようになり，フロイトの主張する第1の発達経路を否定するにいたっている（Kohut, 1977）。
　では，この自己愛のより高度なかたち，あるいは成熟した自己愛とはどのようなものなのだろう。
　当初，コフートは自己愛の変形や昇華に重点を置いていた。そのなかで，自己愛のエネルギーによって創造的な活動ができるようになったり，あるいは，自己愛が健全なものになることで，他人の気持ちがわかる共感が芽ばえてきたりすることが成熟した自己愛なのだと考えていた（Kohut, 1965）。
　さらにコフートは，自己愛の幼児的な誇大性や顕示性がやわらぎ，健全な自尊心（self-esteem）に置き換わったり，あるいは理想化した親のイメージとの一体感がやわらぎ，自分の生き方の理想的な方向性が形づくられ，不安への耐性が生じることなどが自己愛の発達であるとも主張している（Kohut, 1971）。
　ただ，コフート理論において，むしろ重要なのは，この自己愛というのが，フロイトのいうように自己完結的なものでなく，むしろ相手によって満たされるかどうかで，より健全なものになっていくという考え方である。
　この考え方の基本にあるのは，フロイトの考え方では，病的に自己愛的な患

者では，治療者に対象転移（過去の重要な愛の対象に向ける気持ちを治療者に代わりに向けること）が生じないので，精神分析は不能だと考えたのに対して，コフートは自己愛転移が生じる限りは精神分析が可能だと考えたことである。

自己愛転移というのは，自己愛を満たしてほしいという感情を親の代わりに治療者に向けるという転移である。転移対象の代わりに治療者を愛したり，治療者にリビドーを向けたりするのではなく，治療者に愛されたいというリビドーが自己に向かったままでの転移であるということである。具体的には，治療者にほめてほしい，注目してほしい，認めてほしいというという転移（鏡転移）と，治療者に理想の人になってもらうことで，それに一体化した自分も強い人間になったように感じていたい転移（理想化転移）である（Kohut, 1971）。

これが患者の心に生じ，満たされることで，患者の自己愛が健全なものとなるが，逆に親にも周囲にも満たされない状態が続くと，自己愛が幼児的で，いびつなもののままとなるという発達観である。

たとえば，コフートは，これも伝統的な精神分析学派との激しい論争となるのだが，（激しい）攻撃性や破壊性というのは，生まれつきのものでなく，満たされぬ自己愛の産物と考えていた（Kohut, 1977；これを自己愛憤怒という）。幼児期に自己愛が満たされていれば，激しい攻撃性は生じないが，それが満たされていないと，自らのちょっとした自己愛の傷つきにたえられず，激しい怒りの感情が生まれる。それがさらに人間関係を悪くするというモデルである。

このように，コフートにとって，自己愛が未成熟で，いびつなままであるために生じるさまざまな病理は，人間関係の悪さ，とくに親子関係や母子関係の悪さによってもたらされる関係性の病なのである。

2──自己−自己対象関係の心理学へ

しかし，コフートは自らの理論の発展のなかで，この自己愛概念を捨てることになる。

それは，自己心理学の独立宣言ともされる『自己の修復』のなかで，自己愛転移という言葉を自己−対象転移（この自己−対象という言葉は，後に自己対象という言葉に置き換えられる。以降は自己対象という用語で統一する）とよびかえたことでも明らかになる。

さて，自己対象とは何だろうか？

これは，基本的には，「自己に役立つべく利用される対象である。あるいはそれ自身自己の重要な部分として体験される対象である」(Kohut, 1971, p.iv)と定義されている。この考え方では，自己愛転移の対象と大きな違いはない。

この自己対象という考え方が重視されるようになったのは，治療や研究の対象が，いびつな自己愛の変形や成熟より，むしろ人間の主観的な体験世界の総体としての自己に移ったことによる。

1974年10月11日に，シカゴ精神分析インスティテュートで行われた講義のなかで，コフートは今後，自己愛の心理学という言葉を使わず，自己の心理学とよぶことで，精神分析の拡張をめざすと明言している（Kohut, 1996：Tolpin & Tolpin, 1996に所収）。そして，この自己が自己対象によって形成されるというのが，コフートの自己心理学の理論の中核となる。

基本的には，2つの自己対象を想定し，それが適切な反応をすることで，自己の中核的な2つの部分が形成されるという考え方である。

1つは前述の鏡転移（鏡自己対象転移とよびかえられる）が鏡自己対象によって満たされることで生じる「野心」の極であり，これが形成されることで子どもは生来もっている活力を発揮して，周囲から承認を得られるような言動をとるための自己動機づけのもとになる。もう1つは前述の理想化転移（理想化自己愛転移）が理想化自己対象によって満たされることで生じる「理想」の極である。これによって，子どもは安心感を感じたり，自分の正義や道徳の考え方を信じることができたり，自分の能力に対する信頼感をもつことができるのである。

そして，コフートの考え方では，人間の自己の主観的な体験世界は，この2つの極を行ったり来たりする双極的なものである。

野心の極が優位のときは，自分でがんばって，人からほめられたり，注目されたりするような活動をする。しかし，それに対する鏡自己対象が不在で，ほめられることも注目されることもなければ，それがへしゃげてしまって健全な活力が発揮できない。このような状態のときや，落ち込んだり不安が強いときは，理想の極が優位になって，自分に力や安心感を与えてくれるような強い対象を求める。そのような対象が理想化を受け入れてくれれば，自分まで強くな

ったような感じをもてたり，不安がやわらいだりするのだが，そうでない場合は，不安がさらに強まったり，生きる方向や理想を見失ってしまう。

　コフートの考え方では，幼児期や少年期に，このような自己対象との関係が健全なものであれば，それだけ自己の理想の極や野心の極がしっかりしたものとなるとされている。それだけ，健全な自信がもてて，不安に強いし，自分の理想がゆるがないということだろう。この場合は，ほめられないことで必要以上にいじけたり，ちょっとした批判で簡単に不安になったり，自分の信念がゆらいだりしにくいということなのだろう。ただし，コフートは鏡自己対象も理想化自己対象も両方ともいなければ，人間が健全になれないとは言っておらず，「子どもは自己の強化に向かう機会を2度もっている」とも主張している（Kohut, 1977）。病的なほどの自己の障害は，鏡自己対象も理想化自己対象も両方とも満たされなかった場合にのみ生じるのである。

　いずれにせよ，このようなかたちでしっかりした自己がもてれば，一時的に自己対象が不在の状態があっても（つまり，ほめてくれる人や理想の人がいない状態があっても）持ちこたえることができるとしている。これは，自己のなかに鏡自己対象や理想化自己対象が内在化することによる。

　しかしながら，コフートは，鏡自己対象や理想化自己対象が完全に内在化して自己のなかに構造化されることはないと主張している（コフートはこの一時的な内在化を変容性内在化とよんでいる）。

　コフートの遺作となった『自己の治癒』のなかで，コフートはこう明言している。

> 幼児期だけでなく生涯を通して自己は自己対象を必要としていると強調したい。(Kohut, 1984)

　要するに人間というのは，完全に自律することなどできない依存的な生き物であるとコフートは主張したのである。

　そういうなかで，コフートの発達理論は，究極的には，自己と自己対象の関係性の発達を重視するようになる。

> 依存から独立への動きは不可能である（中略）正常な心理生活の発達的な動きは（中略）自己愛から対象愛への動きとしてではなく，自己と自己対象との関係の変化する性質のなかにみられるべきである。(Kohut, 1984, p.77)

そしてコフートの治癒，あるいは発達の目標は，自然な依存，じょうずに自己対象を利用できることということになる。

> 自己が確固としたものになっていくということは，自己を自己対象から独立したものにするということではない。そうではなくて，自己の堅固さの増大とは，自己対象を選択する際の自由度が増大することも含め，自己を支持するために自己対象を利用する自己の能力を高めるのである。(Kohut, 1984, p.114)

> （患者は分析の終結などで分析家との別れに直面しても）分析状況の外での自己対象の種類を増やすことによって，支持の新たな様式に向かって自然に動いていることだろう。(Kohut, 1984, p.116)

このようにコフートにとっての人間の発達とは，生涯にわたって人間関係を豊かにするというものであった。これがコフートの自己心理学が基本的には関係性の心理学といわれるゆえんである。

❸──現代におけるコフート理論の展開──人間関係システムの発達へ──

さて，コフートは1981年に68歳の若さで亡くなっている。このため，コフートは多くの仕事をやり残したとされているが，後世の自己心理学者たちは逆にコフートの没後，さらに自由な議論ができるようになったともいわれている。

そのなかで，とくに発達したのが，ツーパーソン心理学としてのコフート理論の展開である。つまり，患者の心だけが変わるのではなく，治療者の心もそれにともなって変わっていく，したがって患者1人の心をみるのでなく，治療者と患者の対の心をみていくべきだという理論である。

じつは，この点に関しても，コフートはその遺作でほのめかしている。患者の心だけ変わるという考え方は，ニュートン物理学のようなもので，プランク物理学の時代には，観察者と被観察者を1つの単位として考えないといけないというものだ（Kohut, 1984）。

この考え方は，さらに発展し，コフート以降の自己心理学の最有力の論客として知られるロバート・ストロロウ（Stolorow, R. D.）らが間主観性理論としてまとめている。これは，患者と治療者の主観性の相互作用の場として，精神分析を考えていこうというものである。患者の主観的な体験世界というのは，患者がそれまでの人生体験や人とのかかわりのなかで，自己の体験してい

とをどのように主観世界にアレンジしていくかというオーガナイジング原則と，相手の反応性によって共決定されるというのが基本的な考え方である（Stolorow et al., 1994）。たとえば，ひがみっぽく相手の言動を受けとめてしまうようなオーガナイジング原則をもつ人でも，常に誠実な対応を受けていれば，主観世界が少しずつ変わっていく。この間に相手の主観世界も変わっていくのである。

たしかに，親子関係を考えてみても，子どもの心の発達にともなって，親の心が発達していくということは往々にして体験されることであるし，子どもの心の発達がうまくいかない際に，親の心の側も退行したり，ものの見方が短絡化したり，ほかの可能性が考えられなくなるということも往々にしてみられる病理である。親の心が子どもの心の発達を通じて発達した際には，子どもの心の発達はさらに促進されるだろうが，子どもの心の病理のために親の心も病的になると，それが子どもの心の病理にさらなる悪影響を与えることは容易に想像できる。

関係性の発達理論を考える場合に，1人の個人の関係性の発達のみをとらえるのではなく，2人の個人の心を1つの単位ととらえたり，その相互作用に目を向けないと，真の発達は理解できないだろう。あるいは，さらに大きな家族システム，社会システムと個人の心の相互作用も検討の対象となろう。

いずれにせよ，コフートの自己心理学はさまざまな点で関係性の発達と人間の心との関係を考える際に示唆に富むものである。今でも，さまざまな理論上の展開がなされており，今後ますます関係性の発達理論として有用なものとなることを期待するのは筆者だけではあるまい。

3 エリクソンの理論

1──心理・社会的発達理論における関係性の位置づけ

（a）自我発達における外的世界の重視

> 精神分析の発達のエトスが明瞭に姿を現わしてきた……一個人の内的な衝動と防衛の「経済」に代わって，例えば家族のような一つの共同体単位の内部における相互活性化の生態学（エコロジー）が，将来の研究課題として浮かび上がってきた……ともかく私は，精神分析の

> 基本を成す臨床的態度は，多様な相対性の認識に基づく経験だと考えるようになった。
> (Erikson, 1982／村瀬・近藤, 1989, Pp.19-20.)

　エリクソンは，晩年の論文の序論で，フロイトの精神分析理論を学び，アンナ・フロイト（Freud, A.）の自我機能に関する研究に身近に接してきた自身の，彼らとは異なる理論的な到達点を明らかにしている。それは，自我発達における外的世界を重視することである。ここでの外的世界とは，たんに個人の外側にある静的な物体ではない。それは個人と相互作用しながら歩み寄って，お互いの異なる立脚点の一致を見いだすような動的な存在であるという。冒頭の引用にある「相対性」という用語は，それぞれが異なる立場にあるというだけではなく，それらが相互に関連をもちながら一致に向かって動くようすも意味しているのである。

　フロイトの心理・性的発達理論は，子どもが衝動を超自我によって抑制し，いかに社会に適合していくのかというプロセスを強調するものであった。しかしエリクソンの心理・社会的発達理論は，それに外的世界との関係性という観点を統合した包括的なものである。子どもの自我を外的世界に"合わせる"のではなく，"結びつける"という創造的なプロセスを強調し（Friedman, 1999），その結びつけ方の洗練を発達としてとらえているとみることができる。このような自我の強さに着目した研究は精神分析学においては少なかったので，エリクソンの試みは非常に新しく，自我の研究範囲を広げるものであった。エリクソンと比較すると，自我の機能について重要な研究成果を残したアンナ・フロイトでさえ，衝動に対する防衛という消極的で限定された自我の機能を扱っていたということもできる。

(b) 自我の起源と発達段階—外的世界との相互作用をとおして—

　ここでは，青年期にいたるまでの発達段階について，外的世界との関係性がどのように描かれているのかを概観する。エリクソン理論における外的世界は，身近な他者から社会，文化，歴史まで幅広いが，ここでは身近な他者から社会までの範囲を想定する。

　図1-1は，エリクソンによる個体発達分化の図式である。各発達段階に成熟と退行の岐路を意味する心理・社会的危機が設定され，それらが「対」の概念で結ばれている。自我発達においては成熟と退行のバランスが重要であり，

第2節 ■関係性の病理の形成のメカニズム

	1	2	3	4	5	6	7	8
Ⅷ 老年期								統合性 対 絶望
Ⅶ 成人期							世代性 対 停滞	←
Ⅵ 成人前期						親密性 対 孤立	指導性と服従性 対 権威の拡散	イデオロギーへの関与 対 価値の拡散
Ⅴ 青年期	時間的展望 対 展望の拡散	自己確信 対 自意識過剰（同一性意識）	役割実験 対 役割固着（否定的アイデンティティ）	仕事見習い 対 労働麻痺	アイデンティティ 対 アイデンティティの拡散	性的同一性 対 両性的拡散		
Ⅳ 学童期	←	←	←	勤勉性 対 劣等感	課題同一視 対 無価値であるという感覚			
Ⅲ 幼児後期			自発性 対 罪悪感		役割の予期 対 役割の抑制			
Ⅱ 幼児前期		自律性 対 恥・疑惑			自分でありたいという意志 対 自己疑惑			
Ⅰ 乳児期	信頼 対 不信				相互的認知 対 自閉的孤立			

図1-1 心理・社会的危機とアイデンティティ拡散に関する個体発達分化の図式
(Erikson, 1968；鑪, 1990；Coleman & Hendry, 1999 をもとに作成)

前者が後者を上回っていれば健康度は高く，逆であれば病理性が高まる。

　自我の起源は，乳児期に，自分の身体感覚や周囲で起こることがらが，ばらばらではなく適度に一貫したまとまりをもっていると感じる経験にある。この経験は，自分が求めるものを求める時に，与えたいと思っている養育者から与えられるという相互作用をとおしてなされる。それによって内的世界と外的世界が徐々に結合しはじめ，首尾一貫した心的世界が構成されていくのである。このとき乳児は，自分をとりまく人々や世界が信頼できるものであることを学ぶと同時に，自分は周囲とかかわる能力をもち，与えられるに足る存在であるという自分への信頼の感覚を獲得する（信頼）。ところが，敏感な子どもや欲求不満を補償されなかった子どもは，養育者との相互作用から十分な満足を感じることができない場合がある。この経験が彼らの関係性の原型となり，重要な他者との関係で一体感を感じることができなかったり，世界がばらばらで信頼できないものに思われてくる（不信）。

　排泄のコントロールが可能になる幼児前期には，子どもは自律的な意志をもちはじめる（自律性）。自分が望むようになれるとか，できるという感覚が芽ばえる。養育者のしつけは非常に重要で，それによって子どもは自分の思うようにすることと抑えることのバランスを学ぶ。子どもの自由意志をあまりに奪うと，子どもは自尊心や自己制御力を失い，いつもだれかに見られているのではないかとか，支配されているのではないかという感覚をもつことがある（恥・疑惑）。

　歩行と言語を自由に操るようになる幼児後期には，目的をもって何かを得ることや競争に対する関心が高まる（自発性）。親をはじめとする周囲の大人は，社会のさまざまな役割のお手本として子どものなかに取り入れられ，どのような人間になればよいのかの基礎となる。しかし，積極的な努力をあまりに強調すると，それが実らず負けてしまったらどうしようとか，やりすぎて罰を受けたらどうしようといった不安が喚起されることがある（罪悪感）。それが高じれば，まったく活動できなくなったり，逆にいつも元気な姿を見せていないと気がすまないようなことが起きる。

　体系的な教育を受ける学童期になると，大人の職業を認識しはじめ，自分も何かを作ったり完成させる喜びを知る（勤勉性）。子どもは，親以外の大人や

他の子どもたちからも多くのことを学び，大人になった時に社会のなかで生産する側に立つ準備を始める。しかし，こうした学びがうまくいかないと，自分と他者を比較して劣等感を感じたり，逆に勉強や達成を偏重するようになることがある（劣等感）。

自我発達はこのように，子どもの自我を身近な他者やそれをとりまく社会のあり方，欲求，関心などと結びつけていくプロセスである。エリクソン理論における関係性とは，このような自我と外的世界の相互関係を意味しており，これが発達における中心的な問題として位置づけられているのである。自我は自己の中心であり主体性の根源であるため，きわめて個人的なものにみえるが，「かくまで重要な中心性——感覚を，しだいに増加していく他者との関係の中で再生していかねばならぬ」（Erikson, 1982／村瀬・近藤，1989, p.126）とエリクソンは述べている。このことは，個人の自我が発達するという以上の意味をもつ。個人の自我は，その発達にともない，重要な他者や社会と結びつきながらひとつの世界，すなわち「現実」を構成するのである。

「現実」はエリクソン理論において重要な意味をもつ。彼はこの用語を多義的に用いているが，その1つとして現実をアクチュアリティ（actuality）という単語で表し，それは能動的（active）で相互作用的（interactive）な性質を含むと考えた。発達にともなって構成される現実は，子どもと外的世界との相互作用が結実したものである。認識された現実は，個人の生き方やものの見方に一貫したビジョンを与え，その人にとっての世界観となる。

2 ——アイデンティティ形成における関係性の問題

(a) 相互認証の重要性

児童期までの相互作用の経験を基盤として，自分なりの生き方やものの見方がひとまず完成するのが青年期である。そこで次に，青年期の心理・社会的危機であるアイデンティティ形成における関係性の問題について焦点を合わせる。

自我は自己の中心的な感覚であるから，自我発達にともない子どもはすでにいくつかの自己の感覚あるいは自己像を形成している。エリクソンはこれを次のように表現している。乳児期「私は与えられる存在である（I am what I am given)」，幼児前期「私は意志する存在である（I am what I will）」，幼児後期「私はかくありたいと想像する存在である（I am what I can imagine I will be）」，学童期「私は学ぶ存在である（I am what I learn）」（Erikson, 1959／小此木，1973，p.101）。青年期には，身体の成熟，認知機能の発達，社会的な要請などを背景としてこれらの"I am …"を統合し，1つの全体的な自己像を作り上げる。

　統合には2つの側面がある。1つは児童期までの自己像と現在の自分につながりがあるという連続性（continuity）の感覚で，もう1つはさまざまな他者との相互作用のなかに自己像をしっかりと位置づける斉一性（sameness）の感覚である。エリクソンはこの2つをアイデンティティの感覚として定義している。

　このとき重要なことは，アイデンティティの感覚が本物になるためには，自分の内面における連続性と斉一性の感覚が，重要な他者や社会からも認められる必要があるということである。これは，自分が他者との間に調和を保っており，社会の適当な場所に位置づけられているという感覚である。社会のなかに自分を位置づけるきっかけは職業選択であったり，価値観をもつことであったりする。一方，社会の側にとっても，青年が社会に参入することは喜ばしい。彼らを迎え入れることによって社会は機能を維持し，発展することができるからである。社会が青年に承認を与え，青年も認められたと感じるときに，アイデンティティの感覚は強まる。アイデンティティ形成における関係性は，青年と社会の間の相互認証の問題であり，これもまた個人の自我を外的世界に結びつける創造的なプロセスのひとつである。

（b）他者からの評価への過敏さ

　相互認証がうまくいかないとどのようなことが起こるのであろうか。本書のテーマである「傷つけ傷つく青少年の心」を，相互認証の失敗という観点からみることができる。

　傷つきやすい青少年について考えてみる。こうした青少年は，自分が他者からどうみられているのか，どう評価されているのかということがとても気になる。自分の意志がなく他者の意向にこたえることに心を砕いているため，いわゆる自意識過剰の状態にある。図1-1で青年期の水平欄の下部にある諸要素

はアイデンティティ拡散の下位症状であるが，他者からの評価への敏感さは，恥・疑惑（第Ⅱ段階）の展開としての過剰な同一性意識にあたる。

同一性意識の背後には，他者からの評価にこたえる完璧な自分という幻想と，実際にはそのようにできないつまらない自分とのギャップがある（鑪，1990）。完璧な自分という誇大的な自己像は，他者を避けてひきこもった自分だけの世界でしか通用しない。こうした自己像は，社会から認められる現実的なものではないし，傷つくことを恐れて他者に対して提示することもできない。そのため相互認証の機会を失い，これから生きていく「新たな世界との連続性を未だ見いだしえない」（鑪，1984）のである。

他者の目に対する意識の高まりは，思春期・青年期に一般的に経験されるものである。この意識があるからこそ青少年は自分の自我を外的世界に結びつける作業に向かい，アイデンティティ形成の過程が展開する。しかし，他者からの評価にとらわれ過ぎると相互認証の失敗に結びつく可能性があるといえる。

(c) まちがった相互認証──排他的なアイデンティティ形成の問題

まちがった相互認証によって，他者を傷つけるかたちでしか自分を見いだせない青少年もいる。思春期・青年期にさまざまな自己像を統合することはそれほど簡単なことではない。それまでの他者との相互作用の経験が不十分であると，社会が提供する多様な活動分野に自信をもって，あるいは安心して自分を位置づけることができない。また現代社会では自由な選択が強調される一方で，低い学力や特定の背景をもつために選択肢が著しく限られている青少年もいる。そのように「極端な状況に追い込まれた青年は，最後には，社会が提供する場においてではなく，自分のなかにひきこもってしまうとか，非行にはしることのなかに，偽りのアイデンティティ感を見いだす」（Erikson, 1968／岩瀬, 1973, p.359）ことがある。

これは否定的アイデンティティとよばれるもので，図1-1の罪悪感（第Ⅲ段階）の展開としてみることができる。健全な自発性による生き方の選択を放棄し，社会において望ましくないとされる生き方のなかでしか自分自身を見いだすことができない状態である。こうした青少年は，時に破壊的で排他的な指導者や集団のなかに自分の位置を見いだし，自分たちとは異なる種類の人々を排除することで自分らしさを明確にしようとする。他者を傷つけることによっ

て自分を見いだそうとするのである。

　否定的アイデンティティの形成は，青少年のみに要因があるのではない。社会が彼らを非行少年であるとか問題を抱えた者であるというようにラベルを貼り，認証することで，確実なものとなる。これらの青少年は，社会との間で適切な相互作用ができないために，自己像の十全な統合性（wholeness）をあきらめて，排他的な集団における全体主義（totalitarianism）のなかで偽りの統合の感覚を見いだそうとしていると考えられる。

3 ── アイデンティティ拡散における関係性の病理──親密性の問題

　これまではアイデンティティ形成の途上にみられる関係性の問題をみてきたが，最後に成人前期のころに顕著になるアイデンティティ拡散の症状，親密性の問題を取り上げる。親密性は成人前期の心理・社会的危機であるため，その前段階である青年期のアイデンティティの確立の程度によって大きく左右される。エリクソンは，アイデンティティ拡散の主要な症状のひとつとしてこの問題を重視し，とくに取り出して論じている。

　個人が本当の意味で対等で成熟した対人関係を結ぶためには，自分も相手もしっかりとしたアイデンティティをもっている必要がある。そうでなければ，相手と距離が近くなると自分がなくなる不安から表面的な関係しかもてなかったり，孤立する。あるいは，自分のあいまいなアイデンティティを明確にするために相手を利用するとか，自立して行動できず，お互いにもたれあった未分化な関係になるといった問題が生じる。アイデンティティが十分に確立されていれば，友人や恋人といった重要な他者は，お互いに自分の内的な連続性と斉一性の感覚を保証してくれる相手となる。しかし，アイデンティティがあいまいであるために，相手と深くかかわると自分を見失い，それらの感覚を喪失するのではないかという不安を抱くのである。また本来の親密性は，自分にとって本当に重要な他者を選択し，それ以外を効果的に拒否することができる能力も必要とするという。こうした能力に欠けると，自分にふさわしくない相手との関係を求めたり，無為な関係に身を任せたりすることがある。

　親密性の問題を抱えた個人にとっての「現実」とは，搾取的で侵入的な，あるいはよそよそしい他者との関係から成り立っている。そのため，他者から認

められることを強く願いながらも，安心して自分を相手に向かって投企することができないと考えられる。

　以上，エリクソンの心理・社会的理論における関係性の問題について，青年期までの発達段階を中心に概観してきた。彼の理論における関係性とは，個人の自我と外的世界の相互関係を意味している。そして，自我は他者や社会との相互作用をとおして発達すること，またそうした種々の相互作用から個人と他者を包括するひとつの現実というものが構成されることが描かれているとまとめることができる。

Column ① 愛着と対人関係との関連

　愛着（アタッチメント）理論では，乳幼児期の母親との関係性の質を基盤に，他者に対する内的作業モデル（internal working model；以下IWM）を発達させることが示されている（Bowlby, 1973）。ハザンとシェーバー（Hazan & Shaver, 1987）によれば，IWMと他者に対する認知の関連には，以下のような特徴があるという。

　①安定型：他者を信頼し，適度に他者を頼ったり，また他者から頼られることを快く感じる。他者と親密になることに抵抗がない。
　②回避型：他者に対する信用が低く，自分だけを頼りにするタイプである。他者を頼ることはあまりなく，他者から頼られることにも不快を感じやすい。他者と親密になることにも抵抗がある。
　③抵抗（アンビバレント）型：他者に過剰に頼る傾向がある。他者と親密な関係を結ぶこともできるが，他者が自分から離れていってしまうのではないかという不安が常につきまとい，嫉妬深くなったり，他者を拘束してしまったりする傾向がある。

　母子愛着と対人関係との関連も数多く報告されており，たとえば，安定的な愛着形成を極端に阻害された子どもは，友人への共感行動が低いこと（Main & George, 1985），乳児期の愛着が安定型であった子どもは，外向的で仲間をひきつけるポジティブな相互作用をし，抵抗型の子どもは，受け身的，服従的であるが仲間に無視される傾向にあり，回避型の子どもは，安定型愛着の子どもにネガティブなライバル心をもち，仲間から拒絶される傾向にあること(LaFreniere & Sroufe, 1985)が示されている。

　また，母親に限らず，保育士との愛着の質が，後の対人関係と関連する（Howes et al., 1994, 1998）という報告もみられる。

　これらのことから，母親との愛着のみならず，子どもの養育にかかわる者との安定的な愛着形成が，後々，子どもの良好な対人関係を築く一助となると考えられる。とくに，友人関係や恋愛関係が重要な意味をもつ思春期・青年期においては，このような良好な対人関係の形成は，精神的な発達の促進，あるいは，発達のつまずきの予防・回復に大きな役割を果たすに違いなく，その基盤となる幼少期の養育者との安定的な愛着形成には大きな意義があると考えられる。

Column ②

青少年の友人関係の現状

　対人関係の希薄化や表層化が叫ばれる今日にあって，現代の青少年の友人関係の実態はどのようになっているのであろうか。

　総務庁青少年対策本部（1998）の「第6回世界青年意識調査」に基づく青年の「友人観」に関する資料によると，ブラジルを除く各国の青少年とも，「同性の親しい友人がいる」「異性の親しい友人がいる」「両方ともいる」を合計した数値が90％をはるかに超える数値を示しており，全般的に健全なようすがうかがわれる。ここで，日本の青年に関するデータを少し詳しくみると，「同性の親しい友人がいる」(44.7％)，「異性の親しい友人がいる」(1.1％)，「両方ともいる」(52.9％)となり，「両方ともいる」と回答した人の比率は欧米諸国をかなり下回るものの，これら3つの回答を合計した数値は諸外国をしのいでトップにあり，わが国の青年の友人関係もきわめて望ましい状況にあることがわかる。

　一方，日本子ども家庭総合研究所（2003）に掲載された「第2回青少年の生活と意識に関する基本調査報告書」の9歳～24歳の青少年を対象にした友人関係に関する意識によれば，「何でも話せる友だちがいる」に肯定的な回答をした青少年の比率は，男子に関しては，9歳～11歳が60.2％，12～14歳が68.5％，15～17歳が73.7％，18～21歳が75.0％，22～24歳が73.1％，女子については，この順に，75.4％，79.3％，81.7％，81.7％，86.7％，という数値が示されてる。また，「友人関係の満足度」については，すべての年齢段階の男子・女子とも95％を超える者がこれに肯定的な回答を与えており，これらから考えても，わが国の青少年の友人関係の現状は，非常に健全な状態にあることがうかがえる。

　これらの資料をみる限り，現代のわが国の青少年の友人関係のあり方には「希薄化」や「表層化」という表現はまったく当てはまらない。ほとんどの青少年が「親しい友人」「何でも話せる友だち」をもち，その関係に「満足している」と回答している。

　では，この社会の側の認識と青少年自身の認識の大きなずれは，いったい何に起因するのであろうか？

Column ③ 現代青年の恋愛は変化したか

現代青年に接している「大人」のなかには，現代青年の行動が理解できず，青年への対応にとまどう人がいる。評論家や一部の学者にも，現代青年の問題性を声高に論じる人がおり，青年の対人関係が希薄化したとか，病理的な関係しかもてなくなったと，批判的に論じている。しかし，こうした変化は本当に起きているのであろうか。恋愛行動の側面から，現代青年の対人関係の変化を分析した研究結果を紹介する。

松井（1990）は，1982年11月に首都圏の3大学で，恋愛行動に関する無記名調査を行った。同調査では，「恋人もしくはもっとも親しい異性」が「いる」と回答した359名が，その相手と行った行動を統計的に分析した。分析の結果，当時の大学生の恋愛行動は，5段階に分類できることが明らかになった。友人や子どものころの話をする友愛的会話から始まり，内面を開示し，協力をして，プレゼントを渡したり受け取ったりする第1段階。デートをし，用もないのに電話をする第2段階。キスをして，ボーイフレンド・ガールフレンドとして周囲に紹介する第3段階。恋人として周囲に紹介する第4段階。結婚の話をして，セックスをし，結婚相手として親に紹介する第5段階である（恋愛の5段階説）。

松井（2000）は，同様の調査を2000年5月に首都圏の7大学の843名に実施し，18年前の結果と比較している。比較の結果，1982年と比べて2000年には，友人や子どものころの話をする行動が減っている一方，用もないのに電話をする行動がふえていた。最も大きな変化は，「ペッティング」や「性交」の経験率の上昇であった。たとえば「性交」の経験率は11％から44％に上がっていた。この変化は，携帯電話に代表される移動体通信の普及と，1995年前後から顕著になった性行動の低年齢化の表れと解釈される。

ここで注目されるのは，電話と性行動を除けば，恋愛の進展過程の全体像が，ほとんど変化していないという事実である。会話から恋愛が始まり，プレゼントの後にキスをして，周囲に紹介し，最終的に結婚について話し合うという流れは変化していない。他のデータを合わせてみても（松井，2002），この約20年間のうちに青年の恋愛における性行動は大きく変化しているが，恋愛行動の全体的な枠組みや恋愛における感情はそれほど変化していない。

このようにデータを分析してみると，現代青年の病理性を議論する前に，研究者自身がどのようなデータや根拠に基づいて議論をしているかを省みることが必要なのではないかと感じる。研究者や「大人」が，乏しい経験や安易な思いこみで，青年を批判することがないように自戒したい。

Column ④
青年の結婚観

　総務庁青少年対策本部（1998）の「第6回世界青年意識調査」に基づく日本の青年の「結婚観」に関する資料によると，「結婚すべきだ」が17.6％，「結婚したほうがよい」が51.3％，「結婚しなくてもよい」が26.1％，「結婚しないほうがよい」が1.4％，「わからない」が3.6％となり，結婚に肯定的な者が68.9％を占めている。「結婚」に関して，日本以上の肯定率を示したのは，フィリピン（87.1％），タイ（73.0％），ロシア（72.8％），韓国（70.9％）の4か国であり，これとは逆に，極端に肯定率が低い国としては，イギリス（31.4％），スウェーデン（33.4％），フランス（39.％），ドイツ（39.5％）の4か国で，また，ブラジル（53.9％）とアメリカ（54.1％）は肯定率が約50％の数値を示している。

　これによれば，日本をはじめとするアジア諸国の青年では，「結婚」に関する肯定率は70％前後あるいはそれ以上の数値を示しているが，ヨーロッパ諸国の場合には，むしろ否定率のほうがこれを大きく上回る数値を示しており，「結婚」に対するとらわれは少ないということがいえる。

　一方，同じ資料に基づく日本青年の「離婚観」については，「離婚すべきではない」が9.9％，「子どもがいれば離婚すべきではない」が37.9％，「事情によっては離婚もやむをえない」が35.8％，「互いに愛情がなくなれば，離婚すべきである」が12.8％，「わからない」が3.5％という数値が得られ，否定・肯定の割合（おのおの，47.8％，48.6％）がほぼ拮抗している。この否定率（離婚すべきではないという方向の回答）に関しては，フィリピン（62.0％）と韓国（53.8％）のみが50％以上の数値を示しており，他の諸国では，スウェーデン6.7％，ブラジル16.1％，アメリカ18.2％，イギリス19.1％，ロシア21.0％，フランス21.3％，ドイツ22.5％という具合に，のきなみ非常に低い数値が得られている。

　現代の日本では，結婚しない人が増加しているといわれるが，世界レベルの青年の意識から考えてみれば，まだまだ「結婚」に対して肯定的であり，かつ「離婚」に対して否定的な認識をもっているといってよいのかもしれない。「結婚」「離婚」の問題は，個人的な問題であるとともに，社会的な面も有しており，今後もその行方を注視する必要があると考えられる。

第2章

関係性の病理をもつ青少年の実態とその内容

第1節

関係性の病理のレベル

1 神戸連続児童殺傷事件にみられる関係性の病理

　中学3年生男子が小学6年生男児を殺害，遺体の頭部を切断したうえ「酒鬼薔薇聖斗(さかきばらせいと)」の名で警察・マスコミに挑戦状をたたきつけるという，いわゆる神戸連続児童殺傷事件は，1997年の出来事であった。「自分以外の人間は野菜と同じ。だから切っても潰してもかまわない」という逮捕後の少年の言葉を耳にすれば，誰しもが少年のもつ関係性の病理を感じずにはおれないだろう。田中（1997）は，この事件を関係性の障害，関係性の喪失，リアリティ（現実感覚）の希薄さという観点から論じているので，ぜひ一読されたい。

　また，この少年が事件以前にも動物虐待など行為障害（他者の基本的人権を侵したり，社会のルールを破るような行為を続けることで，社会的，学業的，職業的機能に障害を引き起こすこと）を疑わせるエピソードを有し，実際に保護者も病院の精神科や児童相談所に相談していたという。ところが，精神科医や児童相談所の担当者に児童精神医学の知識が不足していたために，適切な対応がとられなかったのだと福島（1997）は指摘している。そして，「教師や親は子どもの特異性・異常性を識別する良識を備え，医師・児童相談所職員らの専門家は，本当の意味の専門的知識を備えていれば，このような重大な悲劇は起こらなかった」とも述べている。

　この指摘は，関係性の病理という側面に対しても同様であろう。関係性の異常性・特異性の認識が親や教師にあってはじめて，専門家への相談が可能とな

るし，また専門家による適切なアセスメントと対応のためには，専門家自身が関係性の病理に対して十分な知識を有していることが前提となるからである。

2 関係性の病理をどうとらえるか──社会・文化的背景，病理水準，発達──

■1── 現代の青少年が生きる関係性──携帯電話やインターネットをめぐって──

　すでに成人となった世代からみると，現代の日本の青少年はきわめて奇妙な関係性を生きているように見える。たとえば携帯電話は，青少年を中心に小学生の年代にまで普及しているが，友人といっしょにいながらその友人そっちのけで携帯電話やメールに熱中している姿は，あまりにも異様である。また，人混みのなか，平気で声高な通話を行っている姿には，かつての日本社会に存在した「世間体」や「人目」「恥」などの他者との関係性から生じる心性がそこなわれていることを感じるのである。

　さらに，頻繁に通話やメール操作をしていないと落ち着かない「ケータイ依存症」と称される一群や，自分の送ったメールに対して「即レス（ポンス）」で返信がないと，相手から嫌われているのではないかと不安になってしまう人々などは，依存・嗜癖や，ウィニコット（Winnicott, 1958）のいう「ひとりでいられる能力」の欠如など，精神病理に関するアセスメントが必要ではないかとさえ思えてくる。

　一方，これらの現象が個人レベルの精神病理を表しているとも断言できない。なぜなら，関係性のありようは，社会・文化によって規定される側面もあるからである。たとえば，好意をもつ友人には「即レス」するのがあたりまえという規範のなかに生きる青少年にとっては，「即レス」でないことが文字通りの非好意のメッセージとなるであろう。

　いずれにせよ，このような社会・文化的状況の変化が関係性の発達や病理に影響を与えていることにはちがいない。田中（2001a）は，インターネットや携帯電話の普及によって，生きた他者とのなまの体験といった「横のつながり」が薄くなり，その一方で親子関係，すなわち「縦のつながり」が相対的に濃密化していくこと，そしてそのなかに虐待の世代間伝達などの病理性が潜在することを指摘している。

2 ── 学際的かつ包括的な視点の必要性

　このような縦と横のつながりという，いわば関係性のネットワークの中に現代の青少年たちは生きている。そこには多様な関係性が存在し，またそのありようも正常で健全な水準のものから病理的なものまできわめて多様である。さらに，前述のように社会・文化的背景も他者との関係性に影響を及ぼしている。したがって，どこまでが正常で健全な関係性か，どこからが病理的かを判断することは容易ではない。

　病理性の有無や軽重に加えて，心理的発達という観点からのアセスメントも必要である。たとえば投影同一化（自分のもっている悪い感情・悪い側面を，外界の対象や他者がもっているものであると思い込む防衛機制）のような原初的な心にみられる現象が成人にみられれば，人格障害などの病理性が疑われる。関係性の病理形成という観点からも，発達的なとらえ方が不可欠である。

　以上から，関係性の病理のアセスメントにおいては，精神医学，小児医学，臨床心理学，発達心理学といった，多様な学問領域からの学際的かつ包括的な視点が有用となることが理解されよう。

　次に，生涯にわたる関係性の発達や病理形成に多大な影響を及ぼす乳幼児期の関係性について概観する。

3　関係性の発達と病理

1 ── 乳幼児と愛着関係

　乳幼児期から児童期にかけては家族内の主要な養育者である親，とりわけ母親もしくは母親代理的養育者（以後は"母親"と統一的に表記する）との関係性が重要である。たとえば1930年代より，ホスピタリズム（hospitalism）という現象が注目されはじめた。乳児院や養護施設に入り，母親との接触を絶たれた乳幼児は最初，大声で泣き叫び，人にすがりつこうとするが，やがては泣くこともなくなり，無気力な自閉状態となる。さらに体重の減少，病気への抵抗力の低下，発達障害が生じるのである。ホスピタリズム研究によって，以後の施設における乳幼児と養育担当職員の関係性は大きく改善された。

　ホスピタリズムに顕著にみられるような，乳幼児期に養育者から母親的，愛

情的養育を受けられなくなる現象を愛情剥奪（maternal deprivation）という。ボウルヴィ（Bowlby, 1951a）は，乳幼児と母親との人間関係が親密かつ持続的で，しかも両者が満足と幸福感に満たされるような状態が精神保健の根本であると考えた。そして，愛情剥奪を受けた乳幼児の発達においては，身体的，知能的，情緒的，社会的に悪影響を被り，将来的に反社会的行動や性格障害を生じる危険があると述べている。このように乳幼児と母親の関係性に注目が集まるにつれて，ウィニコット（1958）に代表されるような，乳幼児とその母親を1つのペアとして観察・検討しようとする立場が現在にいたる主流となった。

さらにその後の乳幼児の愛着に関する研究では，乳幼児の愛着が母親だけでなく，父親やその他の家族，きょうだい，保育士など，さまざまな人に同時的，並行的に生じることが明らかになった。すなわち，乳幼児は特定の個人への愛着というより，愛着ネットワークとでもいうべき社会的ネットワークを形成していくのである（柏木, 1996）。

したがって，健全な愛着関係を発達させるためには，母親を支えることはもちろん，多様な愛着ネットワークのなかで乳幼児をはぐくむような家族，ひいては社会全体の養育環境の形成・改善や，児童虐待などの病理的な養育態度に対するコミュニティや専門機関からのすみやかな介入・支援が不可欠となろう。

2──関係性障害

乳幼児精神医学では，乳幼児とその母親もしくは母親代理的養育者との間の関係のあり方の障害を関係性障害（relationship disorder）とよぶ。障害の持続期間や強さから，①関係性の揺れ（1か月以内の一過性の情緒不安状態），②関係性の動揺（乳幼児－養育者の相互関係の不安定さが1～3か月続くが，まだ定着はしていない。問題も1領域のみ。例：乳幼児摂食障害），③関係性の障害（問題が3か月以上続き，複数の問題に発展して，頑固に定着している。例：自閉症）の3つに分けられるという（渡辺, 2000）。

なお，乳幼児の問題は，成長すればそのうちよくなるだろうという希望的観測から看過されがちである。表2-1に，健康な乳児の心理的発達の指標（渡

表2-1 乳児の健康な心理的発達の指標（渡辺，2000をもとに作成）

眼差しの互恵性	生後1か月ごろまでは，乳児は母親の目をじっと見つめ，その表情を注視することができる。
予期的接近行動	生後1か月の乳児は，授乳の姿勢に置かれると，授乳を予期して口をあけ，乳房や哺乳瓶のほうに顔を向ける。その母親固有の授乳スタイルに乳児のほうが適応しようとしている。
社会的微笑	生後2，3か月の乳児は，人の顔の刺激でにっこり笑うようになる。生後8か月には，笑いをこらえたり，複雑な顔の表情ができるようになる。
遊びとゲーム	生後1，2か月から，授乳後などの母親とのやりとりのなかにゲームの芽ばえがみられる。乳児のゲームには，自分の置かれた現実状況を克服しようとしたり，精神機能の発達をうながすといった作用がある。
8か月の不安	見知らぬ人と母親と自分の区別がはっきりできたしるしとして，見知らぬ人に示す動揺した感情行動状態。
「いい」と「いや」の表現	言葉で言えるより前の15か月ごろ，ジェスチャーで表現する。
遅発性模倣	母親の行動を見てしばらくしてから，自分も同じ行動をとる。
発　語	24か月から30か月ごろに1語文，2語文が出現する。

辺，2000）を示したので，健康か病理的かを判断する指標として参考にされたい。

　また，親と乳幼児の関係性障害に対しては，前述のように両者を1つのペアと考えて，親-乳幼児心理療法が行われる。そこでは，親自身の無意識の幼児期記憶，乳幼児の障害や特徴のもたらす親への影響など，客観的事実や体験のもたらす主観的意味に注目する。具体的には，家庭訪問ないしは親と乳幼児同席の場で，親-乳幼児関係を観察しながら心理療法が行われる（渡辺，2001）。

3 ── 児童期以降

　児童期に入ると心身の発達により行動範囲が拡大する。とりわけ入園・就学は，子どもの対人関係を飛躍的に広げる契機であり，関係性のありようも多様化していく。それは同時に，母子分離不安による登園しぶりや不登校など，親子の関係性の病理を顕在化させる契機ともなる。さらに学校でのいじめもまた，関係性の病理という観点から看過できない問題である。

4 ── 関係性の病理が顕著な精神障害

関係性の病理の代表的な問題は本章第2節に詳しいので、ここでは乳幼児期から児童期までの主要な精神障害を重篤なレベルのものから順に紹介しておこう。

(a) 児童統合失調症

10歳以前に発病する統合失調症である。低年齢では定型を示さないが、年長になると成人の統合失調症と同様に、破瓜型(はか)(陰性症状、すなわちひきこもり、感情の平板化、無関心などが中心となるタイプ)、緊張型(興奮と混迷をくり返すタイプ。なお、混迷とは自発的行動がなくなり、外部からの刺激にも反応しなくなること)、妄想型(幻覚妄想を中心とするタイプ。幻覚とは、実際にはないものを知覚することで、悪口を言う声が聞こえるなどの幻聴が多い。妄想とは、事実と異なる、修正不可能な思い込みをもつこと。被害妄想が最も多い)に分類される。情緒的、精神的、人格的発達が阻害されている状態で、人生早期の養育者との関係に問題があると考えられている。

(b) 自閉症

自閉性障害ともよばれ、年齢によってさまざまな症状が現れる。最も顕著なものとしては、表情が乏しく視線が合わない、他者への関心が薄いといった症状がみられる。また、奇妙なしぐさや自傷行為(自分の頭をたたくなど)も特有の症状である。さらに、自閉症にともなう言葉の発達の遅れや言葉の使い方の異常も、通常の対人関係を難しくする。

(c) 乳幼児・児童神経症

心因によって生じる神経症には、人間関係が大きく関与している。この時期には心身が未分化なため、心理的問題が身体症状や問題行動のかたちをとりやすい。おもな症状としては、摂食障害(ミルクを飲まない、食べない、かまないなど)、嘔吐(おうと)、夜尿(おもに夜間、睡眠時に尿を漏らす)、遺尿(おもに昼間、覚醒時に尿を漏らす)、頻尿、下痢、便秘、チック(特定の筋肉に起こる不随意運動の習慣的発作。例：まばたきを何度もくり返す)、吃音、頭痛、腹痛、ぜんそくなどがある。また、小学生くらいの子どもであっても睡眠障害は案外に多くみられ、不眠、夜驚(やきょう)(夜間、睡眠から急に目覚めて興奮し、恐怖を示す)などに注意が必要である。

第2節

関係性の病理の諸相

1 友人関係

1──現代の友人関係の問題

　児童期から思春期・青年期へと進み,固有の自己の存在に気づいた青少年は,改めて自己と他者の関係を内省していく。自他が心からふれ合うような厚い友情にあこがれながらも,実際には自分を出せず,表面的なつきあいに終始し,自分の友人関係に疑問を感じている場合も少なくない。現代青年の表面的なつきあいについては,とくに対人的な距離の問題から多く論じられている(藤井,2001；長沼・落合,1998；上野ら,1994)。そのほかにも,落合と筆者(落合・佐藤,1996)は,友達とのつきあい方の発達的変化を簡潔に整理している。榎本(2003)は友人といっしょにする活動,友人に対する感情,友人に対する欲求の発達的変化を分析している。柴橋(2004)は,相互理解に到達できるよい友人関係をもつには,自分を出すことと,友達にもそれを求める気持ちが必要であることを述べている。小塩(2004)は,自己愛の研究のなかで,友人関係のあり方について検討している。

(a) 自己愛と閉鎖性

　小塩(2004)は,過剰な自己愛をもつことは,青年期の発達において問題であると述べている。自己愛的な人は,まわりから注目されることや賞賛を浴びることを求めるといった特徴や,相手からの評価を気にせず強く自己主張するといった特徴をもつという。これらの気持ちが極端に強い場合には,注目し

てもらえない場には行ってもつまらない，評価や賞賛が浴びられる世界の外には出たくないという気持ちや行動が現れる。その他大勢のなかの1人としてしか見てくれない世間とはつきあってもしかたないし，理由もなくそこにいなければならないことはプライドを傷つけられる。また，過剰に自己主張する場合には，まわりから煙たがられ，友達が離れていったり，仲間から浮いてしまう。強すぎる自己愛，偏った自己愛をもつことは，対人関係上の問題を生じさせやすい。また，自己愛が強い場合には，じつは自己嫌悪感も強くなる。自己嫌悪感が強い場合には，傷つく自分を見たくないという気持ちや，いやな自分を人に見せまいとする気持ちが現れ，心を閉ざし，人と会うのを避けたくなる。

　自分の世界にいるのは安心である。自分の姿を人に見せずにまわりの情報を入手したり，自分の名前を名のらずに意見を言うことは，気楽で快適である。このような自己愛的なひきこもりの世界は，健康的とはいいにくいが，ある種の魅力がある。とくに人に隠しておきたい秘密を抱えた青少年は，そのようなカプセル状況のなかでの自由をしばし楽しむ。自己嫌悪感を感じていたり，自分は欠陥があり価値がないと思っていたりすると，人はそのような自分を隠そうとする。人とつきあう資格がないと思っていることさえある。しかし，多くの場合，自分を理解してくれる人になら，心を開きたい，自分の気持ちを話したいという気持ちがある。まわりの人には話したくないが，あの人になら話したい，あるいは自分の話をちゃんと聞いてくれる人に出会えたら話してみたい，そう思いつつ心を閉ざしている。これは青年期の告白性と閉鎖性（詫摩，1978）とよばれる特徴である。

(b) ふれ合い恐怖と山アラシ・ジレンマ

　従来，青年期の対人関係上の深刻な悩みとして，対人恐怖の問題（永井，1994）が言及されてきた。対人恐怖は対人場面とのかかわりで現れる症状であり，人前での緊張や赤面，人から見られることが気になること，他人といると表情が硬くなってしまうことなどへの不安，羞恥，恐怖である。対人恐怖は過去の問題のようにもいわれる（山田，1992）が，明るく社交性のある者が，「まわりが自分のことをどう見ているかとても気になる」という悩みを語り，「そのように自分が悩んでいることを絶対に人には知られたくない」と語ることはいまだにある（永井，1994）。また，永井は「友人関係がグループ化して

おり，トイレに行くのにも同じ仲間で誘いあい，それ以外の人と仲良くしていると村八分的になるので，いつも友人関係に気をつかっている」状況を指摘し，「周囲とのよい関係という規範に相当に縛られている」現代の青少年の対人関係の気苦労を思いやっている。

　また，対人恐怖よりも今日的な問題として，「ふれ合い恐怖」(山田，1992)がある。これは，従来の対人恐怖が出会いの場を問題としていたのに対し，ふれ合いの場を問題としている。この場合は，出会いの場は適当にこなすことができるが，その先の親しい段階に進めないことが特徴である。昼休みや放課後に何気なくみんなで食事をしたり，話をしたりする場が苦手なのである。対人関係がより深まろうとする場面には困難を感じるが，情緒的交流を必要としない場面にはさほど困難を感じない（岡田，2000）ので，問題としてはめだたない。間がもたなくて恐いのは管理された授業中ではなく，野放しにされる休み時間である。

　友人との関係を深められないことについては，藤井（2001）が指摘する現代青年の山アラシ・ジレンマからも説明できる。藤井は，「現代の青年は相手と親密な関係をもちたいと願う一方で，傷つけあうことを怖れ，『適度な』心理的距離を模索して揺れ動いている」と述べる。旧来の「近づきたいが，離れたい」というジレンマではなく，「近づきたいが近づきすぎたくない」「離れたいが離れすぎたくない」という，より「適度さ」に敏感なジレンマが今日の問題である（藤井，2001）。人と親しくなることにも，人から離れていることにも，ためらいがある。それは，自分を傷つけることと相手を傷つけることを恐れているためだと考えられている。そしてこのジレンマには，相手に嫌われたのではないかと萎縮したり，相手との関係を確かめようとしがみついてみたり，逆に相手との関係に見切りをつけようとする気持ちがともなう。いずれの場合も，対等な対人関係を結ぶうえで障害となる可能性がある。

(c) 青少年の友人関係の特徴

　青少年の友人関係の実態については，落合と筆者（落合・佐藤，1996）の友達とのつきあい方を分析した研究が簡潔でわかりやすい。この研究に基づいて，中学生，高校生，大学生の友人関係のあり方をみてみよう。ここでは，友達とのつきあい方を，6つに分けて説明する。

①本音を出さない自己防衛的なつきあい方

　このつきあい方は，自分のありのままの姿をみせないで友達づきあいをする傾向を表す。自分を友達にみせることを弱さだと考えたり，本当の自分を友達にみせて笑われたり，傷ついたりすることを恐れていたりするためである。こんな自分をみせたら嫌われてしまうのではないかと心配しすぎていることもある。高校生・大学生よりも中学生に多くみられるつきあい方であり，男女差はとくにない。

②友達と同じようにしようとする同調的なつきあい方

　このつきあい方は，できるだけ友達に合わせて同じようにしようとするつきあい方である。ひとりだけ変わったことがないように，自分だけめだつことがないように気をつけて友達づきあいをする。中学生で最も多くみられ，高校生，大学生の順に少なくなっていく。男子より女子に多くみられる。

③できるだけ多くの人と仲良くしていたいと願う全方向的なつきあい方

　このつきあい方は，どんな人とでも友達になりたいと思っている人のつきあい方である。そのため相手を選ばず，だれとでも仲良くしようとして友達づきあいをする傾向がある。大学生に比べて中学生・高校生で多くみられ，男子よりも女子に多くみられる。

④自分が理解され，好かれ愛されたいと願うつきあい方

　このつきあい方は，みんなから愛され，好かれたいという気持ちでの友達づきあいである。それだけ友達を必要としているということでもある。しかし，自分から友達を理解しようという姿勢ではなく，受け身のつきあい方をしている場合もある。中学生に比べて，大学生・高校生で多くみられ，男子より女子に多くみられるつきあい方である。

⑤自分に自信をもって友達と向き合えるつきあい方

　このつきあい方をする人は，友達と自分の考え方や感じ方が違っていても，その事実を受けとめることができる。したがって，意見がぶつかることをおそれずに，友達と真正面からつきあっていく。自分と友達が別の個性をもった人間であることを理解しているから，友達と違っていても，自信をなくしたり傷ついたりしないですむ。その代わり，共感しあえる関係ではないかもしれない。年齢的な差はみられないが，女子よりも男子に多いことが特徴である。

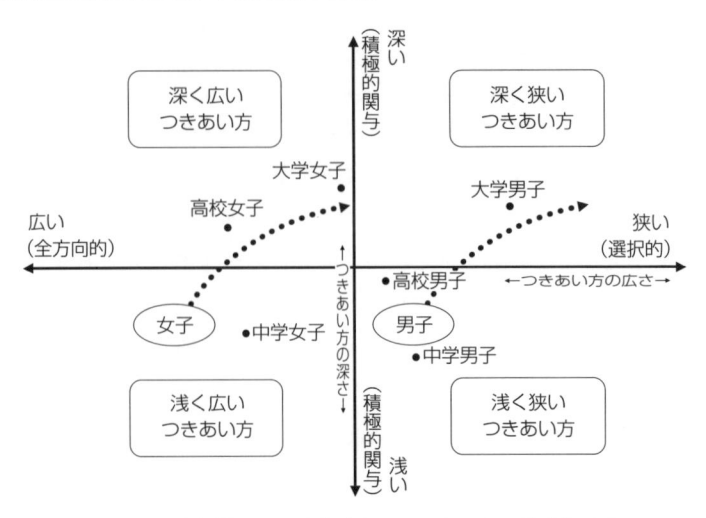

第2章 ■ 関係性の病理をもつ青少年の実態とその内容

```
                    ↑深い
                    │(積極的関与)
    ┌─────────┐     │     ┌─────────┐
    │ 深く広い │     │     │ 深く狭い │
    │ つきあい方│     │     │ つきあい方│
    └─────────┘     │     └─────────┘
              ・大学女子  ・大学男子
        ・高校女子 ......:...... 
広い                  │               狭い
(全方向的)────────────┼──────────── (選択的)
                      │ ・高校男子  ←つきあい方の広さ→
              ⦿女子  ・中学女子  ⦿男子
                      │  ・中学男子
    ┌─────────┐     │     ┌─────────┐
    │ 浅く広い │     │     │ 浅く狭い │
    │ つきあい方│     │     │ つきあい方│
    └─────────┘     │     └─────────┘
                      │(積極的関与)
                      ↓浅い
```

図2-1 青年期における友達とのつきあい方の発達的変化

⑥自分を出して積極的に相互理解しようとするつきあい方

このつきあい方は，傷つくことがあるのを承知のうえで深いかかわりを求め，積極的に友達づきあいをしていく傾向を表す。友達どうしで本音を言い合い，内面の深いところでつきあうことが友人関係だと考えている。中学生よりも，大学生・高校生で多くみられ，男子よりも女子に多くみられる。

これら6つのつきあい方は，友達との関係が「広いか狭いか」「深いか浅いか」の2次元にまとめることができる（図2-1）。縦の軸は，「友達と積極的に深くかかわろうとするか―防衛的に浅くかかわろうとするか」という「つきあい方の深さ」を表す。横の軸は，「限定した範囲の友達とかかわろうとするか―広い範囲の友達とかかわろうとするか」という「つきあい方の広さ」を表す。そして友達とのつきあい方は，まず浅いつきあい方から深いつきあい方へと変化する。その後に，広いつきあい方から狭いつきあい方へという変化が現れる。友達づきあいの広さは男女で異なるが，方向としては，深く狭いつきあい方へ変化していくものと考えられる。ここからわかるのは，深い友達づきあいをするためには，相手を選ぶことが必要になるということである。そして年齢が上がると，自分が選んだ友達とのつきあいを深めていくことになる。

2 ── 友人関係での悩み

　青少年は，親や教師から離れようとする一方で，まだ自分に自信がもてない。したがって，迷ったり悩んだりするとき，支えになるのは似たような存在の友人である。しかし，お互いに他者に対する配慮や理解が未成熟であるため，うまく関係をつくり，維持することが難しい。「つき合うことは突き合うこと」（中村，2003）でもあるため，ぶつかることもある。一度よい友達関係がもてたとしても，自分自身が変化と成長の途上にあるため，途中からお互い求めるものが変わり，古い友人から離れて別の友人を求めることもある。大切なものであればこそ，友人との関係は，青少年を悩ませ，そのつど自分について考えさせる。とくに，男子よりも人間関係をだいじにする傾向がある女子では，友人関係の悩みは，学校生活の間，次から次へと現れてくる。

(a) 友達に対する不満

　なぜ学校に行くのかと聞かれて，友達がいるから，と答える人は多い。友達ができるかどうかまだわからない入学式や始業式の緊張感を考えると，友達がいることは，それだけでうれしい。しかし，友達がいることから生じる悩みもある。たとえば，友達がわかってくれないといった悩みや，友達が離れていってしまった，という悩みである。友達から意地悪をされたり，嫌われたりした場合には，そのショックはさらに大きい。見知らぬ他人からではなく，味方だと思っていた友達からされるからつらいのである（三島，2003）。友達から攻撃されたことをきっかけにして，不登校になったり，不適応状態が現れることは少なくない。頼りの友達に攻撃された経験から，自分がまわりから嫌われる子だと思い込むことがある。そして人の目が怖くなり，前髪を思い切り伸ばして顔を隠す女子生徒や，いつも帽子を目深にかぶって目を合わせないようにしている男子生徒もいる。悩みと闘っている間は，そのような武装が必要になる。問題が解決されれば，また自然な姿に戻る。

(b) 自分に感じる不満

　自分をふり返って現れる悩みは，たとえば友達に自分を出せないことであったり，友達に合わせてばかりの自分のことだったりする。友達と心の底から笑ったり，自分の思っていることを自由にぶつけられる関係にあこがれながらも，それができなくなった自分にとまどったり，落ち込んだりすることはよくある。

これは，青年期に入り，自分が友達からどうみえるかを意識するようになったからである。

(c) 友情への疑問

友達はいいものだが，もう友達なんかいらないという気持ちになることもある。1人の友達をみんなで教室で待って時間をむだにした気がしたり，クラス内のグループ間でのメンバーの移動のことで，グループに入れる入れないを協議することにへきえきしたりする。このような友達に振り回される悩みもある。また友達関係で深く傷ついた経験がある場合には，友達はいらないと思うこともある。自分は，友達関係が苦手だから合わないのだと決めつけ，友情の世界から一歩引いてしまおうと考えることもある。友達との関係は，楽しいこともいいことも多いが，その分エネルギーを取られることでもある。子育ても恋愛も，人間関係をつくるときにはエネルギーがいる。だから当然疲れることもある。友達の存在は，自分を支える力にもなるが，それには相応の負担も求められる。

3 ── よい友人関係との出会い

いかに友人関係に苦しんだとしても，友達がいないことを望む青少年は少ない。自分に友達がいなかった理由を深く内省した笠原（2000）は，傷つきたくない，嫌われたくない，バカにされたくない，迷惑をかけたくないという4つの心理が問題であったことをふり返り，友達をつくるには，まず自分のことを話すことだと述べている。人に心を開いてもらう一番初歩的な方法は，まず自分が心を開くことだ，と笠原は述べる。友達をつくるには，まず自分から手を伸ばすことが必要である。それには，自分を抑えている気持ちを越えて一歩踏み出す勇気が必要かもしれない。外に出なければ，出会いは起こらないから。ただし，出ることによるリスクとコストも考慮したうえで，出ることを選ぶのである。そして，お互いが支え合い，高め合う，いっしょにいて楽しい対等な関係性をつくることができれば，それは居場所となりエネルギーを分け与えてくれる。たった1人とでもそういう関係を築ければ，不思議とそれ以後は，よい対人関係が築けるようになる。1人のよき友人との出会いは，その後のすべての関係性を変える力をもつ。ところで，友人との出会いは，自分の力量

を反映する。親友でも恋人でも，自分に見合う人としか出会えない。よい友達と出会うには，まず自分が相手にとってのよい友達になれるだけの人でなければならないだろう。

2　親子関係

1── 厳しすぎるしつけ，体罰そして虐待

『わかってほしい』（MOMO，2004）というタイトルの絵本。かわいらしいくまのぬいぐるみがページを追うごとに引き裂かれ，腕がもがれそして壊れていく。絵に添えられた言葉。「なんのためにうんだの？」「どうしてもわからない」……「しかえししよう」……「にくいんだろう」。そして最後に，「あいされたい」

自分を虐待する親への問いかけ，苦しみの訴え，憎しみや悲しみ。そうした思いをつきつめ，MOMOさんがたどりついたのは自分のなかの「愛されたい」という気持ちである。

本をつづったMOMOさん（35歳）は父親から虐待を受けてきた（MOMO・落合，2004）。子どものころから「殴られたり，突き飛ばされたりは当たり前」，「高校に入ると，鉄の棒で殴られるほど」だった。近所の通報で警察が呼ばれたこともあった。だが，「しつけだから」と言う父親の暴力はひどくなり，20歳の時に家を離れた（朝日新聞，2004.2.12）。

封じ込めていた過去の虐待の記憶と向き合い，本を書き直しながらその時の思いをたぐりよせていくと，「いつか父が『私を認めてくれる』という，自分のしあわせをあきらめたくなかった」と気づいたという（MOMO・落合，2004）。父親に暴力で痛めつけられ傷つき，憎悪の気持ちを抱きながらも，MOMOさんの心の底にあり続けたのは，その父親から「愛される」こと。「私，お父さんに愛されたかったんだ。殴られると不安になってつらかったし，自分に自信も持てなくなった。でも，悪い自分を含めて好きになってほしかった」と，MOMOさんは父親に告白したという。

「私という存在をそのまま受けとめて，愛してほしい」という思いは，無力で小さな存在である子どもが，その無力さゆえ，弱さゆえに願うものであり，

真に素朴な，そしてまた真に痛切な思いである。「悪い自分」も含めて丸ごと全部を好きになってほしいという子どもの願い。そのあるがままの自分を受け入れてほしい，愛してほしいという子どもの願いは，親に対する甘えであり，依存であり，弱いがゆえの親への訴えなのである。

しつけと称する体罰，あるいは身体的でなくとも心理的に子どもを痛めつけるような言葉をかけること。そうしたものも含めると，多くの親が日常の子育てのなかでどこか思い当たる節があるのではなかろうか。しかし，そうした心理的なことも含めた罰というのは，本当に子どもにとって意味があるのか，いや，むしろ与える害のほうが大きいのではないかという訴えもある。

伊藤（2000）は，青少年犯罪や家族内のトラブルに弁護士としてかかわった経験から次のように指摘している。「私たち大人は，子どもを罰して叩くとき，感情は高ぶり，子どもに対する憎しみさえ抱きながら叩いているのです。自分の胸に手を当ててごらんなさい。子どもを叩いたとき，どんなに子どもを憎み，嫌い，疎ましく思っていたか，お分かりでしょう」（p.86）と。そして，こうした体罰や，子どもの人格を否定する言葉を投げかける時に抱く親の悪感情に子どもたちは気づいているのだという。

体罰は子どもの親に対する信頼感をそこなうだけではない。「自分は親から嫌われている」「私は親からの嫌われ者であり，愛されていない人間なのだ」という自己否定のアイデンティティをもつようになるのだ。

さらに伊藤は非行少年の傷つきやすさを指摘する。「私が出会った非行少年は，ほとんど全員が『傷つきやすい子』でした。特にその兄弟と比較した場合，その傾向は顕著でした。人を傷つける人間ほど，自分は傷つきやすいというのは，本当の話なのです。傷つきやすい子はそれだけ親から受けるダメージをまともに被るため，折れて自暴自棄になることが多いのです」（p.88）。

傷つきやすいがゆえに容易に親からの否定的な扱いに敏感に反応し，傷つく。そしてその傷の痛みを他者にぶつけることで，傷を受けた苦しみを解消しようとする。西平（1978）はシャルル・ボードレール（フランスの詩人，1821-1867）の言葉，「我は傷口にして短刀，被害者にして加害者なり」（『悪の華』）をひきながら，非行少年の否定的アイデンティティについて説明している。不安定な親子関係で幼いころから傷ついてきたボードレールは，自分が他者を傷

つける凶器となることで心の痛みを解消しようとする。しかしそれはまさに悪循環であり，人を傷つければ傷つけるほど，じつは自分自身が傷つき，その痛みに苦しむだけなのである。彼のうめく「我は傷口にして短刀，被害者にして加害者なり」という言葉は，彼のアイデンティティそのものだと西平はいう。親とかかわればかかわるほど，親の冷たさに心を凍らせてしまった子どもは，その凍えて尖った氷の心で周囲の人間を傷つけていくというように。

　親からえぐられた心の傷は，本当はその親からの癒しを求めている。子どもは親に愛を求め，傷ついた心の癒しを求めている。親が傷の痛みに気がついて，その痛みを共有し，傷を癒していくことで，えぐられた心は丸まっていくのではないか。だが，心の痛みをわかってほしいという親への思いが断ち切られて絶望したとき，子どもは親に向かって反逆し暴力で親に復讐するようになる。暴力の矛先が友人や仲間に向かっていったり，時には自分とは関係のない人間を無差別に傷つけることもあろう。またあるいは，愛されたいという自分の望みにこたえる者は1人もおらず，自分はだれからも愛されることのない人間だという深い絶望のうちに沈み込み，孤独に生きることを選択するのである。

❷──親の期待にこたえようとする子ども─「よい子」の問題─

　身体的，心理的に暴力は与えられないが，子どもの主体性を壊し，子ども自身が何をしたいのかもわからない人間，そして自分の正直な感情や欲求に気づくことのできない人間に子どもをゆがめてしまう場合もある。これもまた，親から子に与える目には見えない暴力，あらがうことのできない力で子どもを支配するという静かな暴力ととらえられるのではないだろうか。子どもはこうした親との関係でも深く，静かに傷ついていくのである。

　A子は幼いころからしっかりして，あまり親の手のかからぬ子であった。学校でも先生に叱られることはほとんどなく，おとなしく，勉強もできる子である。小・中学校と学業成績のよかったA子は，高校のころからしだいに勉強に取り組む気力がなくなり，自分が何をしたいのかわからず，成績も下がるまま，とりあえず学校に通っては帰宅する日々を過ごした。親はしだいに成績が振るわなくなることを心配していたが，ついにある日，A子は朝学校へ行くのがいやになり，学校を休むようになった。それ以来不登校が続き，A子自身も学校

や進路のことが心配になるのだが，どうしても学校へ行く気になれない。勉強もせず，好きな小説や漫画をベッドで読みふける日々が続いた。親が学校の勉強が遅れて困るのではないかと尋ねると，「そんなことわかってる！うるさい」と怒鳴り返すようになり，A子がそれまで親の言うことを素直に聞き入れてきただけに，親は驚いてしまい，それ以来ほとんど言葉をかけなくなった。食事以外は自分の部屋から出てこなくなり，親やきょうだいと顔を合わせることも避けるようになり，自室へのひきこもりの状態となった。

A子はこれまでをふり返り，親子関係についてしきりにカウンセラーに訴えた。「私はこれまでずっとよい子でした。それは，親がそうすることを望んでいたからです。そしてまた私は，親から嫌われたくなかったのです。私が悪いことをすると親はとても不機嫌になり，私を責めました。責められなくても責められているような気がしていたんです。『お姉ちゃんなんだからしっかりしなさい』とか『女の子だからおとなしくしなさい』『人の迷惑になることは絶対ダメ』など。ほしいものがあってもあまりねだりません。ねだっても母を不機嫌にさせるだけですし，私が求めなければ親の機嫌をそこねずにすむからです」。「しっかりと抱きしめられた記憶がありません。幼稚園か小学校の低学年のころか忘れましたが，母と買い物に行き，私はなぜかその店の母と同じくらいの年齢の女性の店員さんの手をさわりたい，手を握ろうという気持ちになりました。私が手を触れると店員さんは驚いて，『あら，お母さんとまちがえたのね』と笑いました。母も『あら，どうもすみません』と言いました。その時の私の気持ちは，こんなでした。母はきっと驚いているだろうな。私が母の手を握ってほしいなんて自分から求めたことはないんだから。この子はよその人になんてことするんだ，と思ったかな。後でおこられるかな。でも，本当はあの時母のほうから手を握ってきてほしかった，と。今思い起こしても，店員さんが驚いたとき，母は私の手を握ってくれなかった。『どうしたの』と聞いて，私の手を握ってほしかったのに，という気持ちです」。「初潮を迎えた日のことを今でも思い出します。朝登校前のことで，びっくりしてとても不安でした。母からは同性として少しでも温かい言葉をかけてほしかったのに，『こんなことになると大変なんだから。ちゃんとしなさいよっ』とまるで何か私が悪いことをしてしまったかのように言われ，とても暗い気持ちで登校しました」。

このようにA子は親から温かく見守られるよりも，いつも自分から親のご機嫌をうかがい，親の機嫌をそこねないようにということに気遣ってきた。自分が不安なときも，その不安を母親に受けとめてもらえなかったと回想している。A子は親から見守られているという実感がなく，愛されていない，かわいがられていない，自分は親から嫌われ，疎まれていると思い込んでいた。したがって親を頼っても親は助けてくれないと思い親への不信感を強めていった。そしていっそう嫌われないように親の機嫌を気にかけて，よい子であろうとした。学校の成績がよければ親は自分を嫌わない，認めてくれると感じ，とにかく勉強にはまじめに取り組んだ。自分が何をしたいというよりも先に，「親の意向」「親の機嫌」「親の望むこと」を探り続け，それにこたえようと考えていた。しかし，A子がよい学業成績を維持することが難しくなったとき，A子は親から認められる自分を見失い，不安を抱いた。「親から承認されるための勉強」という目標を見失ったとき，A子は自分が本当は何をしたいのかわからなくなり，無為な日々を過ごすこととなった。「私はもう親が期待するようなよい成績をあげることもよい大学へ進学することもできない。そんな私を親はきっと見捨てるのでしょう。こんな不甲斐ない自分がいやでたまりません。どうせもう何をしたって手遅れ。私はダメな人間です」。

3——「やさしい暴力」「見えない虐待」—アダルト・チルドレンの視点から—

　斉藤（1996）はいわゆる「よい子」が抱えている問題を理解するための鍵概念として「アダルト・チルドレン」を指摘している。アメリカでは，「アルコール依存症の親のもとで育ち大人になった人（ACoA：Adult Children of Alchoholic）」に共通してみられる特性として，「静かで控えめでありながら，自己破壊的ともよべる他人への献身」が注目されてきた。斉藤は親が子どもに与えるストレスをアルコール依存以外にも広くとらえ，「親との関係でトラウマ（情緒的な傷）を負いながら大人になった人々」としてアダルト・チルドレンという語を用い，この語が個人の生きていくうえでの悩みや葛藤を理解するための手がかりとなり，問題解決のために活用されるよう期待している。

　先のA子のようなケース，あるいは，幼いころから「よい子」だった子どもが思春期になって親に暴力をふるう家庭内暴力のケースの原因について，斉藤

は子育てのなかで繰り広げられた親から子への「やさしい暴力」「見えない虐待」を指摘している。それは親の子どもに対する価値観の押しつけであり，そうしている親も，じつは他者からの価値の押しつけを受けその支配の下にあるため，自分の子どもに対する価値の押しつけが「暴力」だと感じられないという。子どもの世界への「親の暴力的な侵入」を受け，子どもは自分の欲求や希望を断念し，親の期待に添う生き方をするようになるという。目には見えないけれども，親が子どもの心を支配し，思い通りにさせようとする虐待と同じだという。

　また，ひきこもりを論じている田中（2001b）は，ひきこもりの子どもの親の親子関係，ひいては，戦後から今日までの親子関係をさかのぼり，健全な親子関係の確立がなされなかったことのくり返しを指摘している。親子関係を十分確立できなかった子どもが親となり，子育てをするとき，過剰なまでに子どもを保護したり，子どもと濃密な情緒関係を確立しようとする。親は自己を犠牲にして子どもによかれと思うことを実現させようとする。傍目には教育熱心な親とか，子どもに尽くす親とみえる。しかしそれは「親の自己満足」のためであり，「『相手のことを考えるのではなく，自分の気持ち』でのめりこみ，『自分がよいと思ったことを押しつける』」。このように「子どもの心に侵襲」してしまう。これは，まさに，「自己破壊的な他者への献身」という他者支配の関係，アダルト・チルドレンの自己確立のために行う他者支配である。アダルト・チルドレンは，親の期待に添うばかりで自分に対する自信がなく，他人からの批判や他者からの自己批判には絶えず敏感であり，その結果，「自分がない」「自分がからっぽ」という。そういう「自分がない」人間が他者に対する世話にのめり込み，そこに自分の存在価値を見いだすのである。

　このような親子の支配・被支配関係を，過保護や過干渉に見いだすこともできる。子どもに傷を負わせないための親の過剰な保護，過保護。過保護によって，傷つくことを恐れる子どもや傷つくことを回避してきたがゆえに傷つきやすい子どもを育ててしまう可能性がある。また，傷ついたときに自分なりにうまく修復できない，傷つきから自分を建て直せない子どもを育ててしまう。それはやがて青年期になっても，他人と深くかかわることで傷つくことを恐れて対人関係を避けたり，他者との関係を希薄なままにとどめて，孤独に暮らし，

さびしさを抱きながら生きるようになることも考えられる。また，親の過干渉というかたちの子ども支配も，子どもの主体的な選択行為や，選択にともなう自己責任を引き受ける機会を奪うこととなる。やがて選択を回避するとか，選択できない青年へと成長し，ひいては自分の意思がなく，あるいは，自分が何をしたいかもわからず他者からの指示を待ち受けるだけのロボットのような青年を育ててしまう危険性がある。こうした親子の問題をどのようにとらえて解決していけばよいのか，第3章にて改めて検討する。

3 非行にみる関係性の病理

1──非行の定義と関係性

非行は，青少年の問題行動としては，最も代表的なもののひとつであるが，それを定義するとなるとかなり苦労する。一方には，残虐な殺人行為があり，その一方には親の言いつけを守らないといった，だれにでもある行為まで非行とよばれる。法律的な定義に従えば，そうしたあいまいさは減じることができるが，法的な線引きはある種の恣意性を免れない。そこで，ここでは定義の厳密性は問わず，とりあえずこの言葉が含む2つの要素を抽出しておく。第一は，発達途上の青年，児童によるものということ，第二は，社会的規範からの逸脱と他者への危害という反社会性を含むということである。

この反社会性という性質には，加害者と被害者という社会的関係性が含まれるという点で（菊池，1994），関係性は非行の本質的な要素といってもよい。しかし，ここで問題とする関係性とは，こうした非行の発生現場に直接かかわる関係性という意味ではなく，非行を行う青少年を取り囲む文脈的な対人関係，あるいは対人関係の歴史をさす。というのも，ここでは当該の青少年をどのように理解し，どのような援助が考えられるのかという，より臨床的な問題に関心があるからである。成人の犯罪から，非行を区別するのは，まさにそうした援助の可能性を想定しているからである。

このような意味での関係性の理解に，最も重要な理論的な貢献を行ったのは，本書ですでに紹介されている米国の精神科医サリバンである（Sullivan, 1953, 1954）。彼は，精神障害の本質は，対人関係の場で起こってくる生きにくさ

(difficulty of living）であるとして，精神障害をとりまく個体論的な見方に真っ向から反論した。サリバン自身は精神科医であり，彼の提唱した対人関係論（interpersonal theory）は，彼流の精神医学という範疇に含められているが，その示唆するところは狭義の精神障害の理解枠にとどまるものではない。そこでまず，サリバンの対人関係論を参考にしながら，非行の背後にある関係性の病理について考えてみたい。

2——対人経験とパラタクシックなゆがみ

　サリバンの基本的な考え方は，人間の心は，生まれてから現在にいたるまでのさまざまな対人関係をとおして形成され，また，対人関係において生じる不安を避けるようにはたらくというものである。この不安の回避と，過去の対人関係の影響を説明するために，彼は，「パラタクシックなゆがみ（parataxic distortion）」という概念を作り出した。これは，「個人的対人経験に由来するゆがみ」を表わし，要約すると，次のようになる。人間は対人関係において，他者から「やさしさ（tenderness）」を引き出そうと動機づけられている。しかし，やさしさが得られないときに，不安（苦痛）が生じる。そして，この不安を回避するために，さまざまな防衛策がとられるようになる。この防衛策のことを，サリバンは安全操作（security operation）とよんだ。その代表的なものが，不安と不安を引き起こす体験を意識野からはずす選択的非注意（selective inattention）である。やがてこの防衛策は，後にまったく必要のない別の対人関係においても自動的にくり返されるようになる。それは，目の前の他者を，別のだれかと錯覚するような，認識のゆがみを含んでおり，このゆがみが対人関係のさまざまな困難に結びついていくというわけである。

　ここで，不安と安全保障の方策を説明するために，町中で見かけたある親子の光景を，例にしてみたい。

　昼間の食堂に10歳くらいの男の子と母親が座っている。母親は見るからに若く，子育てをするというより自分自身がまだ遊びたい盛りであるといういでたちである。せわしなく注文をすませるや，母親はポケットから携帯電話を取り出して，会話を始める。子どもは母親に相手をしてほしそうに，そわそわとしたり，話しかけようとするが，母親はお構いなしで，子どもからそっぽを向

いて，携帯電話での話を続けている。なぜ電話をかけるのか，どのくらいかかるのか，子どもに説いて聞かせるといった配慮はまったくない。しばらくして，子どもはあきらめたようで，うつろな目つきで母親の携帯電話にぶら下がるアクセサリーを漫然といじりながら，時間が過ぎるのを待っているようであった。

　この子どもが，母親からまともにとりあってもらえずに，さびしさと自尊心の傷つきにさらされていることはあきらかであろう。その状況のなかで，この子どもが始めたのは，アクセサリーを漫然といじるという行為であった。それは，母親の応答を求める欲求と，相手にされないという傷つきを注意の外に追いやるための方策，つまりサリバンのいう選択的非注意のまさに「現場」といってよい。

　傷つきとそれを覆い隠す方策は，成長のなかでいく度となくくり返されることによって，その人の基本的な対人関係の取り方として定着していく。たとえば，この少年であれば，母親とのさびしいやりとりをくり返すことで，他者からやさしい応答を求めることはあきらめ，その代わりに，物を求めることによって，満足の代替とするかもしれない。物は，金銭であったり，オートバイであったり，シンナーであったりといった具合である。母親の財布から金銭を抜き取ることは，母親の怒りを買うが，それは無視をされるよりはまだましで，しかも，これまでの憂さを晴らすいい手段にもなる。また，大人からくり返し叱責を受けるのは苦痛だが，そのような苦痛を与えるのだから困らせて当然と，自分のわがままのよい口実を見いだすことになる。

　多くの非行少年たちは，対人経験の傷つきを経て，さまざまなゆがんだ対人関係の取り方を身につけている。ゆがんだ方略は，かさぶたのようにもとの傷を覆い，もとの傷は，徐々に自覚されなくなる。そして，最終的には，やさしさを求める欲求そのものを感じることができなくなる。

　本書で紹介されているコフート（Kohut, H.）による自己愛障害の観点も，基本的には，サリバンの考えに重なるところが多い。コフートによれば，非行は，薬物中毒や倒錯行為とともに，自己愛性行動障害（narcissistic behavior disorder）という範疇に含められる（Kohut, 1977）。つまり，非行は，自己愛を一時的にであれ高めるための行動で，その根底には，自己対象（養育者）の不適切な反応によってもたらされた，自己の傷つきが想定される。しかも，

その傷つきそのものは，攻撃的な否認，外在化，投影など原始的な防衛機制によって固く防衛されている。

こうした文脈からウィロック（Willock, 1990）は，行為障害児童の心理治療の経験をまとめ，その防衛された核心部には，「だれも自分をかまってはくれない」「自分のなかには人に嫌気(いやけ)を起こさせる何かがある」といった，隠された信念があると考察している。これは，サリバンのいう「悪意のある変容（malevolent transformation）」という概念と深く関連している。サリバンによれば，そうした暗黙の信念によって，人は他者からのやさしいかかわりを，悪意があるものとして体験してしまうので，安定した愛情関係を維持することができなくなる。

非行少年の心理を理解するためには，このように何重にも裏返った関係性の病理を考える必要がある。その実例については，第3章の第3節であらためてふれる。

3──愛着の病理と関係性

関係性という視点から，非行の問題を考えるうえで欠かすことのできない，もうひとつの重要な理論的な枠組みは，ボウルビィ（Bowlby, J.）に始まる愛着研究によるものである。

ボウルビィは，精神分析的な素養と，動物生態学的な関心を土台に，乳幼児の精神衛生の問題を研究し，乳幼児が養育者に対して形成する心理的な絆のことを，愛着（attachment）という概念にまとめた。彼によれば，人間の赤ちゃんは養育者との接触，近接を求める傾向と，それに役立つ行動パターンを生得的に備えて生まれてくるが，そうした行動をとおして養育者との相互作用を経るなかで，徐々に養育者を特別な存在として認識するようになり，より精神的な結びつきを求めるようになるという。このようにして形成される養育者との愛着は，乳幼児に安全の感覚を与え，外界探索を支える基本的な安全感を提供するとともに，その後に営むさまざまな対人関係の内的作業モデル（internal working model）になるとされる。逆に，何らかの理由で，愛着対象が奪われるといった母性剥奪（maternal deprivation）の経験をすると，それによってさまざまな精神的な障害が引き起こされることを，ボウルビィは観察した

(Bowlby, 1951b)。

　母性剥奪によって引き起こされる障害として，彼が初期に研究したのが非行の問題であった。彼の研究は，情性の欠損がみられる窃盗非行少年が，5歳までに母親との別離の経験をしているということを見いだしている（Bowlby, 1944）。その後，非行と崩壊家庭との関係については多くの研究がなされたが，ボウルビィが示したような明瞭な結果は得られておらず，母性剥奪という概念や，それを非行の直接的な原因と見なす考え方には批判も提出されている（Rutter, 1971）。しかし，経験的には，少年院に収容されるような非行性の進んだ少年のなかには，養育者との別離，養育者の交替，養育の放棄，虐待といった経験をもつものが，かなりの率でみられることは確かである。ちなみに，DSM-Ⅲにも取り入れられたジェンキンスの研究（Jenkins, 1960）では，①社会化された非行少年（socialized delinquent），②社会化されていない攻撃的な非行少年（unsocialized aggressive delinquent），③過剰に抑制された非行少年（overinhibited delinquent）という3つの群のうち，残酷かつ攻撃的で，罪障感が乏しい②群には，発達早期に母性的な愛情が得られなかった形跡があることが指摘されている。

　近年，フォナギーら（Fonagy et al., 1999）は，愛着障害と犯罪性の関連をみる研究を概観し，他者，あるいは学校，会社などの社会的組織と絆をもつ能力が，犯罪に対する抑止力としてはたらくという仮説を検討している。こうした能力は，発達早期の養育者との愛着経験に左右され，しかも，この愛着体験が他者の心の状態を察する能力（フォナギーらはそれを「推察能力（reflective capacity）」とよぶ）の基礎になるという。彼らの研究では，推察能力の欠如が犯罪者の群にみられ，しかも，暴力犯罪の群においてそれが際立っているという結果を得ている。

　ボウルビィに始まる愛着研究は，非行の問題について考えるうえで重要な知見を提供している。とくに，他者への共感能力を欠く，重篤な人格のゆがみを説明するうえで，発達早期の愛着障害は重要な要因のひとつである。しかし，疑問が残るのは，発達の途上で生じるさまざまな問題行動が，発達早期の養育者との関係によって規定されてしまうのかという点である。その点で，サリバンの対人関係論が示唆するところにもう一度立ち返ってみたい。

4 ── 現在の関係性と非行

　サリバンの対人関係論に含まれる，もう1つ重要な視点は，人間は，過去の人間関係だけではなく，現在の人間関係によって常に大きな影響を受け続けるという点である。前思春期における親密な友人関係（チャム）の影響力を指摘したのも，そうした視点のひとつの帰結といえる。ただ，ここでは，もう少し現在進行形で生じている対人関係の問題に目を移してみたい。

　中学に入ってから急に気むずかしくなったA子のことを考えてみよう。最近の彼女は，親のことをうとましく避け，友人の家に泊まり込んだり，夜間徘徊して家に戻ってこなくなった。近頃では，薬物にも手を出しているのではないかと，親や教師は心配しはじめている。じつは，A子は，小さいころは父親ととても仲がよく，父親もA子をよくかわいがっていた。ところが，思春期に入ってから関係がぎくしゃくし，いまでは娘は父親の顔すら見たくないという状態であった。

　こうしたケースは，現在の親子の間で展開している関係性を視野に入れないと，理解することが難しい。子どもはその年齢ごとに常に変化し続ける存在であり，それに応じて親子の関係というものも質的に変容していかなくてはならない。親からの評価が最も大切であった児童期の子どもと，自身が独立した個として意識を始め，親を同じひとりの人間とみなすようになった思春期の子どもは同一ではない。子どもの発達的要求に応じながら，親もそのかかわりを変えていかなくてはならないのである。

　A子の父親にはそれがとても難しく，A子が小さかったころの関係のあり方から離れることができないでいた。そして，自立的なA子の動きをみると，不安をかき立てられ，ささいなことをしつこく説教してしまう。それがA子の自立心と反発心によけいに火をつけ，さらに過激な行動をとらせ，それによって父親はますます心配になるという悪循環が生じていたのである。

　一見すると子どもの問題行動と考えられたものが，じつは家族関係のダイナミズムのひとつの現れにすぎないという視点は，家族療法家によって最もよく研究されている領域である。その代表的なものとして，「生け贄の羊（Scapegaot）」とよばれる現象があげられる（Ackerman, 1966）。両親が自分たちの夫婦関係に問題を抱えるとき，それを緩和するために子どもの問題行動

に注意を向け，それを強調するということがある。

多くの非行，とくに重篤な非行の事例を，現在の対人関係の文脈だけで理解することはできない。現在の人間関係のあり方は，それまでの対人経験の蓄積によって形成されるからである。しかし，過去の対人関係という視点だけでは，現在の問題行動を生み出している，もう一方の重要な要素を見落としてしまう。過去の対人関係と現在の対人関係という，縦軸と横軸をうまく重ね合わせながら，事例をみることによって，非行の臨床的な理解はより正確なものとなり，適切な対応の鍵を見いだすことができると考えられる。

4 不登校

1──不登校と関係性の病理

不登校の子どもたちは，さまざまな意味で傷ついている。いじめや教師による過度の叱責が原因での不登校だけでなく，友人・先輩後輩関係上のトラブル，親・きょうだいとのトラブル，親からの虐待・ネグレクトなど，人間関係上の傷つきが不登校にいたる経緯のなかで影を落とすことも多い。また，よかれと思って行われる対応のなかで，強い登校へのうながしなどをとおして，子ども自身が再度傷つくこともある。また，傷ついているわが子をみて，親が傷つき，親自身の傷つきやすさが誘発されると，親が対応に向けての無力感をもってしまうこともある。

その意味で，不登校状態にあることをもってすぐに，何らかの関係性の病理を子ども自身が有しているとはいいがたいであろう。なぜならば，不登校にいたる経緯にはさまざまあり，それが必ずしも病理を意味しておらず，むしろ，適応の努力の表れであることもある。いじめを受けることで不登校状態になった場合，不登校という結果は，それ以上の傷つきを避けるための無意識的・意識的な努力のひとつの帰結とも考えられる。不登校状態は，いじめに限らず，他の理由であったとしても，今を生き抜く「精一杯の努力の表れ」という意味で，適応的であることも多い。このような考えを前提として，この議論を始めなければならないだろう。

不登校と関係性を考えるには，多様な関係性に思いを馳せることが必要とな

る。けっして単一の原因だけで不登校になるわけではない。不登校の子どもたちの約6割から7割は初期段階で身体症状を訴えるといわれている。さらに，自己形成の視点からみていくと，母子（あるいは父子）分離不安の克服，同胞集団への参加，自己投企の模索とさまざまな課題を不登校というかたちをとおして乗り越えていく子どもたちも多い。また，不登校になることによって，これまでの家族システムが見直され，その後，子どもたちの置かれている状況がより困難になっても，家族の受け入れ態勢ができあがっていることで乗り越えられることもある。このように，不登校による家族の再構築という意味もある。また，学校にあっては，いじめ・非行などのかたちで表現される子どもたちのさまざまな葛藤に巻き込まれたり，自らが巻き込んだりしながら，学校での居場所感は希薄になってくることがある。そのことで，子どもたちは，日本人特有の自己を希薄化させることによって，消極的に，集団という場から自らを引いていき，空気のような存在になっていく。集団の位置づけが大きいからこそ，その対応にたじろいだり，回避したり，あるいは積極的な拒否というかたちではなくいつのまにかいなくなるというかたちで，特有の集団との関係性を保持しようとしてしまう。また，社会に今後の展望をもてる場としての位置づけが希薄であったり，長じて社会的ひきこもりへと展開したりしてしまう場合には，学校に行くことや社会参加すること自体に意味が見いだせないことがある。人間に対する基本的な信頼関係を容易に断ち切ろうとする学校という大集団に，嫌悪感を抱いたり，無力感を抱いたり，さまざまなかたちで体験してきた人や社会への不信感の象徴的な存在としての学校やそれを代表する教師集団，学級集団などに対して無意識的な構えをとってしまうのかもしれない。

　このように不登校と関係性をとりまく状況は非常に複雑であり，個別性も強い。そのことを大きな出発点としつつも，不登校をとりまく関係性に思いをめぐらしていくことは，不登校の子どもたちへの援助のために意義深いことと考えられる。

2──不登校における関係性の諸相

（a）自己との関係性

　不登校の初期状態で，身体症状を訴えることは多い。身体症状が生じる前に，

じつは，子どもたちは，なんとなく体がだるい，なんとなく気が重いという，うつろいゆく身体の不調感を感じる。その不調を知らず知らずのうちにうながすきっかけは，対人関係のトラブルであったり，成績が急に下がったり，宿題を忘れてしまったり，教師から叱責されたりとさまざまである。言葉という表現をとるのではなく，なぜ身体症状を子どもたちは呈するのであろうか。

言語表現によって，自分の感情を伝えることが難しい状況にある子どもたちは，身体言語あるいは動作言語によって自己表現せざるを得ないと思われる。体との関係を適切に取りえていない場合，過剰に身体症状化したり，自分でも気づかないうちに身体症状が出現したりしてしまう。発熱，頭痛，腹痛，心拍昂進（こうしん），倦怠感，眠気など身体による表現も多様である。この場合，ゆるやかな解離が起きているとも考えられ，解離現象のスペクトラムのなかで，身体に焦点をあてた理解が必要となる。学校に行こうと思えば思うほど，体がいうことをきかなくなるのであり，これは，身体と（意識的な）意図との間での解離（解離という関係性）である。この場合，登校に向けての強くて急激なはたらきかけは意図のほうを過剰に昂進させ，かえって逆効果であるのは，このような理由によると考えられる。

不適応状況に出てくるその子特有の適応スタイルとしての身体症状化により，「からだ」ごと生きようとするようすがうかがえる。小学校時代に受けた心的外傷（仲間外れ，叱責，いじめなどによる）が，中学校での同様のエピソードによって再燃し，同様の身体症状を訴えることもある。さらには，小学校時代の身体症状は，同様にそれ以前の乳幼児期のストレスに対する反応性の症状として固定化していく可能性もあるという印象を筆者はもっている。

また，自己との関係性を考えていく際，発達的観点が重要となる。まず，胎生期から母親（あるいは育児参加をする父親）との愛着関係が形成されはじめることが昨今の研究で指摘されている。さらに，出生からの人生最初の1年間で重要な愛着関係の基礎が形成されるといわれている。不登校がどのようなきっかけであろうと，学校に行く・行かないということをもって，学校や社会との関係性を表現していることを考えれば，この時期に形成される基本的な信頼感や自己や他者，社会に対する内的作業モデルは重要であり，（学校に行かないことを選択することも含めて）不登校状態をどのようなかたちで解決して

いくのかということにも影響を及ぼすことが想定される。

　さらに，幼稚園，保育所，そして小学校低学年の園児・児童において課題となるのが，母子分離（あるいは父子分離）である。分離不安の克服とは，親離れをし，さまざまなことをある程度自分でできるようになることである。子どもは，乳・幼児期から少しずつ同胞集団に参加し，社会的なルール，集団内での自己主張など，親から安心して離れられるように知らず知らずのうちに訓練されていく。そして，思春期を迎え，他者との比較のなかで自分を客観的に見直したり，自他の区別をはっきり意識したりできるようになると，孤独を好むと同時に集団への帰属感を求めるようになる。すなわち，社会（学校）への自己投企を開始する。その結果，他人のちょっとした言動に一喜一憂するくらいに自己評価が揺れる時期を迎える。社会（学校）への自己投企は自己実現への第一歩であり，自分は何に向いているのかとか，これからどう生きていったらよいのかとか，実存的な問いを感じたり，考えたり発したりするようになる。このような発達的な課題を不登校というかたちをとることで果たす子どもたちもいるという理解がかなり定着してきている。不登校がそれだけで不適応ということではなく，自己との関係性をとっていく，調整していく人生におけるひとつの「間」とも理解される。

(b) 家族との関係性（親，祖父母，きょうだいとの関係性）

　不登校について，家族の状況が原因と結論づけるのは，あまりにも無前提である。しかし，少なくとも，改善に向けて家族が有効に機能しはじめることは不登校状況の改善においてとても重要なことである。精神的な父親不在の家庭に不登校の出現が多くなるとの指摘も，内外の研究で報告されているが，不登校になるまで出番がなかった父親が不登校をきっかけに急に登場してもすでに遅いとの見方もできる。実際に，そこでのコミュニケーションの不成立を理由にまた一気に父親不在となってしまう家庭も意外に多い。

　家族のことを理解するために，「つながり」と「まとまり」の両方が重要との指摘もある。家族構成員相互の意思疎通の程度（つながり）と，家族の意思決定などにおける凝集性とリーダーシップ機能の重要さ（まとまり）である。これらが混乱している家族の場合，家族の役割の境界（母親の役割，父親の役割，祖父母の役割など）が不明確であり，世代間・世代内の階層性（親や祖父

母との関係性，きょうだいの関係性）も混乱していることが多い。筆者は，健康な家族とは，「家族一人ひとりの自律性・自立性が尊重され，困難事態や危機的な事態に陥った際，家族の構成員全員が力を合わせて対処できる家族である」と考えている。母親でも父親でもだれかひとりでよいから，家族全体を見渡し，その構造の全体を考えることができれば，結果として家族相互の関係性の見直しにつながることも多い。

(c) 学校との関係性（教師・友人との関係性も含む）

学校との関係性を考える場合，「学校抜きに不登校は成立しない」という不登校問題の根源がそこにある。学校制度そのものを否定すれば，そこには不登校という言葉さえも成立しなくなる。卒業してそのまま家にいれば不登校とはいわず，「不就労」あるいは「社会的ひきこもり」となる。学校のなかには，学年集団，学級集団，それをまたぐかたちでの部活動集団，通学班集団，班活動集団，それぞれの関係性システムがある。さまざまなサブシステムが組み合わさって学校が構築される。また，教師や校長・教頭，事務職などの教職員集団もサブシステムをもっており，ある種のヒエラルキーもネックとなる場合がある。管理職がいて，一般の教師がいるという構造は硬直したシステムをつくることをはらんでいる。

たとえば，不登校との関連では，教師がじっくり考えた対応が校長の鶴の一声でくつがえったりすることもある。考え方が一致していなければ調整するシステムを学校のなかに内在化させていくことが必要になる。このように，学校という場は思いのほか関係性に満ちあふれた場ということができる。さまざまな状況や他者に対して，好むと好まざるとにかかわらず，学校のさまざまな状況に合わせた適応の努力を子どもたちは強いられることになる。自己形成や人間関係の形成ということを考えると，多様な関係性の場にあって，子どもたちそれぞれが個別的にその色合いを変え，ある子は多面的に関係性を構築し，ある子は非常に限定された関係性の場に身を置くことをもって，ある種の適応感をもつことになる。友人関係の崩壊によって不登校状態が進行する場合，このような限定された関係性の場が起因することも考慮しなければならないだろう。すなわち，かすかなつながりの糸を頼りにしている子どもたちへの配慮が必要になる。

(d) 社会との関係性

親や学校をとおして、すでに子どもたちは「社会」という存在を学んでいるともいえる。欧米の意味する「社会」と、日本の「社会」には、共通点も多いが、相違点についても意識化することが必要である。日本にあっても、学校という存在は以前に比べれば絶対的な存在とはみなされなくなりつつあるが、一方で、学校に行っていないことからくる暗黙の圧力も、不登校の子どもたちやその家族は感じているのも事実である。最近、地域での適応指導教室、相談教室、フリースペースやフリースクール、入所型の不登校児童生徒の支援施設もふえてきており、同時に社会的ひきこもりへの支援も少しずつではあるが形をなしつつある。このような支援が意味することは、たんに再登校への支援、学習の機会の提供、居場所の提供、自己形成の場や就労、社会参加に向けての場などだけではないと考えられる。地域が、あるいは広い意味での日本社会、国際社会が、不登校の子どもたち、あるいは社会的ひきこもりの人たちに対して、「生きていくに値する場」を提供しようという姿勢を示せるかどうかを意味していると考えられる。通ったり、入所したりすることで子どもたちの「居場所」となる場ということだけでなく、一緒に参加して「意味」の構築をはかる。そのような協働者としての位置づけを、援助という立場にある人は強く意識化しなければならないだろう。人間関係の形成も、その意味で絶対条件とはならない時代を迎えている。人と接することなく、自己実現を図ることも選択肢に入る時代がすでに訪れている。不登校を理解することは、このような多様な生き方を選択できる時代にあって、人と一緒にいったい何ができるかをわれわれ自身が考えていくきっかけになり、さらには忍耐強く問い続けていくことが求められているのかもしれない。

さらに、このように考えると、地域社会はこれまで何をしてきたのであろうか。地域システムの見立ての重要性も指摘されるが、結果として無力感に襲われることも多い。児童相談所、福祉事務所や児童養護施設、自立支援施設、警察や家庭裁判所、病院など地域の専門機関は多い。これからは、不登校につながるような虐待やネグレクトの事例への対応も課題となるであろう。その地域のなかで動ける人が家庭と学校と連携するなかで家庭を支える。問題を抱えた当人も支えるが、家庭も支える。家庭訪問をしたり、場合によってはその家族

の夫婦関係に無理のない程度に介入したりしていく。地域における生活の基盤をまずしっかりつくる。このような視点がますます求められていくだろう。生活福祉臨床のフィールドである。不登校とかかわるときの社会的な資源としてどういうものが利用できるのかというのを一つひとつのケースのなかで見直してみることも必要であろう。たとえば，両親よりもむしろ，近所のおじ・おばが援助者として有効に機能したり，ひきこもりの子どものいる家庭に民生委員が足繁く家庭訪問したりということが変化のきっかけをつくることもある。

3──関係性の拡大と深化

　成人に達してから，あるいは成人に達する前からも，気分障害や境界性人格障害と診断された事例で，中学校や小学校時代に不登校であったことが語られることがある。その時に，不登校への援助というきっかけを活用して，しっかりかかわり，解決の方向性を模索することが重要であることを痛感している。その時にどういう解決のしかたをするのかということが，後々に影響してくる。何とか学校に行けるようにはなったものの，深い精神的な傷を父親などから受けてしまったということはありうることである。うらみをもってしまったり，学校不信になってしまったりということもある。そのような意味で，不登校について考えることは，学齢期にある子どもたちのことを考えることにとどまらない。青少年の時期に果たすべき関係性の構築，関係性の拡大と深化という課題を考えていくために，今後も不登校をとりまくさまざまな状況へと思いを馳せることが重要であろう。

5　境界性人格障害

1──境界性人格障害とは

　境界性人格障害とは，衝動性の強さがまずあげられるものであり，それでいて自立ができず依存性が強い，あるいは見捨てられ感が強いというふうにいわれるものである。
　DSM-Ⅳ-TRの診断基準をあげてみると，
　①愛情欲求が強いために，愛情対象が自分から去ろうとすると，異常なほど

の努力や怒りをみせる。
②相手を理想化したかと思うと、こき下ろしてしまうといったように、人に対する評価が極端に揺れ動くので対人関係が非常に不安定。
③アイデンティティが混乱して、自分像がはっきりしない。
④非常に衝動的で、喧嘩、発作的な過食、リストカット（手首を切る）、衝動買いなどの浪費、覚醒剤などの薬物乱用、衝動的な性行為などがみられる。
⑤自殺行為、自傷行為や自殺を思わせるそぶり、脅しなどをくり返す。
⑥感情がきわめて不安定。
⑦たえず虚無感にさいなまれている。
⑧不適切で激しい怒りをもち、コントロールできない。そのため、物を壊したり、人を殴ったりといった激しい行動を起こす。
⑨ストレスがあると、妄想的な考えや解離性症状が生じることもある。

このような診断基準をみただけでも、境界性人格障害の対人関係はきわめて不安定であり、喧嘩や争いが絶えず、また喧嘩した後で自分を傷つけたり相手を傷つけたりすることがきわめて多いものである。

また愛情欲求が強いので、愛する人が自分から去ろうとすると、たとえば恋人や母親が去ろうとすると、狂気じみた怒りや狂気じみた破壊行動がみられるものである。時には自殺未遂もみられるのである。

また相手を理想化したかと思うとこき下ろしてしまうというように、人に対する評価が極端に揺れ動くというのであるが、これは境界性人格障害によくいわれている分裂機制（splitting）とよばれていることの内容である。しかしこれについてはある程度妥当するといえるものの、必ずしも必須の症状ではないと筆者は考えている（町沢、2003）。「all good, all bad」の分裂機制はけっして境界性人格障害だけではなく、妄想性人格障害、あるいは反社会性人格障害、自己愛人格障害といったものにもよくみられるものであり、さらにまた統合失調症にもみられるものである。

したがって多くの精神障害にこのような分裂機制が認められるものとすれば、境界性人格障害に特異的である、ということはできない。ただ境界性人格障害の場合には、対人関係の評価がその時その時の気分で大きく揺れるというふうに表現するならば、多くの人は納得するに違いない。

2──境界性人格障害における関係性の病理

　臨床上の境界性人格障害のことを考えてみると，さまざまな個性があるとはいえ，ある種の一貫して見えるものがある。筆者の外来では，約60％が境界性人格障害である。今まで診た境界性人格障害は，数百人に達するものである。

　そのような経験から考えると，境界性人格障害の関係性の病理の特徴は，見捨てられ感，つまり人が自分を見捨てる，人が自分に愛情をくれない，人が自分をほめてくれないということになると，大変な怒りがみられるというふうにまずは指摘することができるものである。

　またいかなることであれ，自分の気に入らないこと，あるいは耐えなければならないことになるとすぐにキレてしまい，治療者や親，友人への厳しい怒りがいとも簡単に発生することが指摘できるものである。そしてそのありさまは，一見言葉では知的であったり成熟した表現をするようであるが，その感情の中身というものはきわめて幼稚であり，見捨てられ感や侮辱といったことに対して激しい破壊行動がみられるものである。

　つまり境界性人格障害の根本は，感情の未成熟さ，衝動のコントロールの悪さというところにあるものであり，また愛情欲求や依存性がかなえられないとちゃんと生きていけないという幼さもまた，その特徴なのである。

　またその幼さというのは当然自己中心的であり，自分の欲求，自分の価値観が絶対に正しいとするものであり，他者の要求をはねつけるもので，そこでのトラブルも多いものである。

> **【症例】**
> 　24歳の女性はどうやら就職をし，洋服店の売り子になっていたのであるが，その支配人が少しでもほめてくれないと不満が大きく膨らんでしまうのである。そしてほめるどころか「そんなレベルではここでは勤まらないよ」と言われると彼女はまたたくまにキレてしまい，「こんな店なんか，本当は勤めたくもないんだ。ふざけるな」と言うとともに，「こんな店に勤めるほど，私は品の悪い人間ではない」と支配人を真っ向から罵倒し，その支配人も彼女の強い怒りにあきれ果ててしまうものであった。もちろん彼女はそこで店を辞めるのであるが，その辞めて帰る途中でも通りすがりの人に，「てめえ，ブスのくせに歩くんじゃねえよ」というようなことを平気で言って，相手をびっくりさせるのである。
> 　そのくせ筆者の治療では，「先生，私にも良いところはありますよね。先生，私に愛情くれますか？　先生，私かわいいでしょう」と，押しつけがましい愛情欲求を向けて

くるものであった。

　私は治療ではひとまず彼女の主張，人への怒り，母への怒り，父への怒り，まわりの人への怒り，職場の人への怒りを聞きつつ，一応おさまったところで，「さて，この前，今週はキレないと言ったが，それはどの程度実行できたかなあ」というようなことを聞くと，「いや，先生今日辞めてきたから，だいぶキレちゃった」と，静かに反省する気になる。「まあ，元の職場は辞めたことだし，今度こそ人と喧嘩することなく，相手も認め，そうすれば自分も認められる。人の気持ちをわかれば，相手もまた自分の気持ちをわかるようになる。そのような相互交流のなかで我々は生きているから，自分中心に怒ったり，やつあたりで怒っていては，だんだんと友達もいなくなるよね。実際に君には今，だれも友達がいないじゃないか。さびしいはずでしょう。だからついついお母さんにくっついて，お母さんに甘えてしまう。夜もお母さんに抱いてもらわないと眠れないし，時にはお母さんの布団に入るなんてこともあるけど，君のような年齢ではそういうことはないのが普通だから，もうちょっと独立心もつけたいねえ」とやわらかく言うと，涙を浮かべてうなずくのである。

　このように幼児のような心をもった大人，というニュアンスのほうが強いものである。対人関係も本当に大人として成熟した人とのつきあいは，きわめて苦手なのである。むしろ脅えるといってよい。

3——境界性人格障害の下位分類

　境界性人格障害の下位分類（町沢，2003）を以下に示す。

(a) 失望した境界性人格障害

　境界性人格障害の下位分類では，まず第一に「失望した境界性人格障害」というのを取り上げている。これは依存性人格障害と回避性人格障害との混合である。この分類に属するボーダーラインの人たちは，1人ないし2人の重要な人物に対して服従的な愛着を示すという戦略をもつ。この下位分類のなかの顕著な人格は，競争を避ける，あるいは忠実である，謙虚であるということだけでなく，マゾ的な服従，寄生虫的なしがみつきなどもみられる。

　この分類に入る境界性人格障害の人たちは，他人に排他的に依存することによって，すべての人に排他的に依存するのである。この人生が脅かされている

として，いつも恐怖感をもっており，「この世界はいつも安定しているわけではない」という考えの結果，彼らは安全の欠如，絶望，自分への不信感，自己充足の欠如といったものに気分が独占されている。

また他人との関係を強くするために，利用できる人ならだれに対してもしがみつこうとし，自分のアイデンティティも，その頼った人に合流してしまう結果になる。彼らは簡単に孤立感および孤独感の感覚で不安になり，うつ的気分を感じ，無力感を感じる。すべては重荷であり，人生は虚しく，重苦しいと感じるものである。

(b) 衝動的境界性人格障害

演技性人格障害ないし反社会性人格障害と混合している。このボーダーラインの人は絶えず注目を浴びていなければならず，そうでなければ，しだいに誘惑的，衝動的，気まぐれになって無責任になる。

境界性人格障害の人は，だいたいにおいて否定的感情の調節が不十分だが，そのなかでも演技的な傾向をもつ人たちはもっと，行動的に多動で，認知的にバラバラでポジティブな感情の調節障害を明らかにする。時に，彼らは社会的な礼儀の感覚を失い，判断力も失う。

より強い反社会的経歴を持つ人たちはいっそう衝動的で，思考力が失われている。また将来の計画を立てることができない。自分に降りかかる社会の拘束から自由になるための格闘をする際に，彼らは自分の行動の結果に注意することに失敗してしまう。こうして，彼らは多くの失望を味わうことになり，彼らが望む安全性も得られないまま，長い時間居続け，多くの絶望感を体験しやすい。

衝動的な境界性人格障害の人たちは，混沌とした家族の生活を体験していることが多く，連続ドラマの環境にいるようである。連続ドラマのような環境とは，いつもドラマを起こし，さまざまな刺激を求め，退屈に耐えられないのである。

(c) 気むずかしい境界性人格障害

これは——否定的人格障害，つまり受身的——攻撃性人格障害と混合したものである。彼らは予測しがたく，いつも人を恨みがちで，幸福への嫉妬心も強く，他人の成功に対しても嫉妬心が強い。また頑固で，悲観的で，不機嫌でもある。

彼らは，自分が頼っている人に対しても腹を立て，うらんだりもする。彼らは愛情を望まねばならない人に対しても憎しみを示すことがあり，自分の失望感をオープンに示し，また自分の価値のなさを感情表現し，不毛であるとすら言う。さらに，きわめて強い焦燥感を示し，深いうつ状態にもなる。自己否定の気持ちを表現し，妄想的な罪責感にもいたる。

　別の時には，彼らの習慣的な否定性は完全に不合理なものとなり，現実をゆがめるほどの怒りに駆り立てられる。また，野蛮な怒りを表出することの次に，怒りが内向してしまい，憐れみ深くなったり，許しを願うことになったりもする。

　彼らの子ども時代に，彼らに対する対応がまずかったり，また，彼ら自身，だまされることも多かったと考えられる。また，保護者の力の闘争に入り込んでしまっていることが多い。彼らにとって，愛情はいつも葛藤があるものである。

(d) 自己破壊的境界性人格障害

　すべての境界性人格障害は，時に自己破壊的である。そして，時には自傷行為にいたる。自己破壊的境界性人格障害の人たちは，マゾ的なパターンを同時に示す。また，気むずかしい境界性人格障害のように，他人との心地よい，適切な場所を見つけることができない。

　自己破壊的境界性人格障害は気むずかしい境界性人格障害と違って，だんだん怒りっぽくなったり，時間がたつにつれ，うらみのある行動を示すわけではない。

　そのかわり，彼らのマゾ的な傾向は内向し，そこでは破壊的な感情が自分自身に向けられてしまう。彼らの心の内には，独立の望みと自立性の願望をもちつつも，それを恐れる。彼らは自分を軽蔑していると言って，他人を責めることがある。そして，彼らの価値を破壊しようとする。さらにまた，自分を見捨てようとするのである。自分自身への注意や心の保証に対して，法外な要求がなされることもある。彼らは自殺すると言って人を脅かすこともある。

　境界性人格障害の患者からの電話というのは，気持ちがよい時にかけてくることはまずなく，ほとんど「死にたい」ということで費やされるものである。

あるいは,「手首を切る」「先生助けて」などというようなことも多いのである。

　一番多いのは,自己破壊的な自殺をする「先生,さようなら」というようなものであるが,多くは実際に自殺することはない。むしろ治療者からの同情や,やさしい言葉を得ようとしているかのようである。しかしそれで安心できるものではなく,実際に自殺する例もあり,境界性人格障害の自殺の完遂率はうつ病者よりも高いのである。したがって「死ぬ死ぬと言って死なない」などとのん気に構えていることはできないものであり,実際によく自殺未遂はみられると同時に,実際に自殺してしまう完遂者もじつに多いものなのである。

　他者の破壊から自己の破壊に向かい,そして自殺に向かうというのは,彼らのお決まりのコースでもある。

4──おわりに

　境界性人格ないし境界性人格障害の関係性の病理といえるものは,まず第一に他者に対して非常に攻撃的であること,それは衝動的ともいえる強さである。それと同時に,人への依存性が強いため,愛と憎しみのアンビバレンスといった状態になるものである。

　また素朴に依存することも多いが,その依存から人(親も含む)が去るとその他者に対する見捨てられ感がきわめて強いこと,この見捨てられ感はボーダーラインの幼稚な依存性がよく表れている特徴であり,ボーダーラインの治療の実践のなかでは,よくみられるものである。

　またこの対人関係の愛憎のアンビバレンスや依存性と反発の緊張関係といった相矛盾するものが混在しているので,対人関係はいつも不安定であり,接近したり離別したりがくり返されるものである。

　アメリカでは境界性人格障害は虐待から起こるとされており,対人関係の不安定はこのような虐待から説明できるものであるが(町沢,1997),日本の場合は主に過保護から起こり,適切な愛情によるしつけができないために起こるものと考えられる。そのため小さい時から何でも手に入るがゆえに,感情のコントロール,欲望のコントロールができず,それができないとなると怒りで相手にあたるということになり,甘えがありつつも怒りが強いということが,こ

の過保護の性質からよくわかるものである。

　境界性人格障害にあっては，対人関係は何を目標としているのか，結局は不明確になる。台風がぐるぐる回ってまわりを傷つけながら，しかしその台風の中心は何もない，というような状況であり，その意味ではアイデンティティの喪失および関係性の破壊と欠如，というふうに人間の関係性を指摘することができるものと思われる。

Column ⑤ 反抗期の「意味」

　乳児期に経験する第1反抗期が身体的な自立と関係しているのに対し，思春期に訪れる第2反抗期は，精神的な自立の問題を親や社会との間で展開する時期である。また反抗期は，親と子どもの関係性を変化させる発達上のイニシエーション（儀式）ともなっている。

　思春期ともなると身体は一人前となり，親からの指図や介入が非常に苦痛となる。しかし，社会的にも経済的にも親と同列に並ぶことはできない。そんな子どもの苛立ちが，親や教師，社会の権威一般に対する攻撃，批判，嫌悪という態度に表れる。とくに親子関係においては，子どもから親への批判や攻撃は容赦なくきついものとなる。子どもの目は案外，大人世界の「悪」「嘘」「影」をよく見ているので，その親批判は辛辣で的を射ている。経済的にも社会的にもかなわない分，せめて言葉や腕力で親の権威を引きはがし，下方の自分の位置にまで親を引きずり降ろすことでなんとか「メッキのプライド」を保っているのだとも解釈できる。そのエネルギーをまともに受ける親のほうも相当にダメージは大きい。しかし，ここで親が逃げてしまっては，子どものエネルギーは行き場を失ってしまう。親と子どもが必死でぶつかりあうなかで，子どもは社会の厳しさや人生の不条理を学んでいくことにもなる。子どもが成長するには，親という「生きた壁」が必要になるといわれるゆえんである。

　このように反抗期というのは，それまでのタテ関係（育てる－育てられる関係）をヨコ関係（対等な人間どうしの関係）に結びかえる作業である。タテをヨコに変えるためには，それまで強固に結ばれてきた絆をいったん切断し，その上で，もう一度結びかえるという作業をする必要がある。ただし，親子という枠を崩し，対等な人間どうしの関係に変化していくには，子ども自身の成長も必要であろう。それは，親に対する期待や甘えを小さくしていく（あるいは質を変えていく）プロセスだが，それと同時に，「親にとってのいい子」にならなければという自分自身への期待を縮小していく作業でもある。それをとおして，等身大の自分，そして等身大の親が見えてくる。

　このように，反抗期はそれまでの親子の絆を断ち切り，別の形に結び直すという点で，非常な痛みをともなうものである。しかし反抗期が過ぎるころには，親子の関係は新しい関係に再生される。そして，反抗期の終わりは"思春期の終わり＝大人の入り口"を意味するのである。

Column ⑥ テレビゲームと対人関係

　「テレビゲームは子どもの対人関係を悪くする」といったテレビゲーム悪影響論は，懸念の域を越え，定説のように扱われて久しい。しかし，テレビゲームと対人関係性について，このような一般通念が支持できると断言することはできない。一般通念を肯定する実証研究の結果が示されていないのである。そもそも，テレビゲーム悪影響論は，「テレビゲーム＝一人遊び」ゆえに，テレビゲームをすると友達がいなくなる，対人関係スキルを磨く機会が減る，といったロジックがベースにある。

　実証研究は少ないものの，国内外で行われた過去の研究の知見をまとめると，テレビゲームが対人関係にネガティブな影響を及ぼすという論は，否定することができそうだ。1980年代には10代前半を対象とした研究が行われ，テレビゲームの使用時間の長さと孤立・ひきこもり，および外向性の間にはいずれも相関がないことが示された。さらにその後，テレビゲームのヘビーユーザーのほうが，テレビゲーム遊びをしない生徒よりも有意に外向的であるという研究結果が示された。1990年代には，イギリスの10代の男女を対象とした研究から，男子のテレビゲームヘビーユーザーは，友人を求める気持ちが強く，学校外でよく友達といっしょに過ごしており，「テレビゲームが友達と過ごす時間を奪っている」との仮説を否定している。さらに，孤独感や自尊感情と，テレビゲーム使用の間に相関がないことも発表されている。これらの結果をみると，テレビゲーム使用と対人関係の間にはネガティブな関係があるとの懸念は否定できそうである。国内でも，テレビゲーム使用量と社会的適応性の因果関係を検討した男子高校生・大学生を対象とする研究結果から，テレビゲーム使用によって社会的不適応が生じるとの懸念は単純に肯定できるものではなく，広い年齢層に対して，強い悪影響があることも示せないということがわかった。

　これらの内外の研究結果をまとめると，むしろ，ポジティブな効果がもたらされる場合もあることが示唆されているのである。このほかにも，若い年齢層を対象とした心理臨床場面において，ラポールの形成にテレビゲームが効果的にはたらいているとの報告がされており，テレビゲームが及ぼすよい影響についての言及は少なくない。たしかに，テレビゲームは新しい遊びで，どのような危険があるのかわからないという面はある。しかし，テレビゲームの普及率が単純に計算するとすでに全世帯の5割に届き，だれもが知っている遊びとなった今，排除することを考えるよりもむしろ，どのようにしたらうまくつきあっていくことができるのかを考えるほうが有効ではなかろうか。そのためにも，一般通念にとらわれず，テレビゲームのもつよい面，悪い面をしっかりと見極めていきたいものである。

Column ⑦ 携帯電話による友達とのコミュニケーション

　携帯電話が手放せない人は増えているのではなかろうか。ここでは中学校・高校生のプライベートな人間関係における携帯電話という視点で述べていこうと思う。

　総務庁の調査によると、平成11年の全国6都県に住む高校2年生の携帯電話所持率は全体の6割に達しており、なかでも女子の所有率はとくに高いという結果が示された（総務庁青少年対策本部，2000）。また、神奈川県教育委員会の調査では、中学生の所持率は55％であった。つまり、少なくとも一部の地域では中学生時代からかなりの所有率がある。なぜ、中・高生にとって携帯電話が必要不可欠なものとなっているのだろうか？

　筆者が中・高生にインタビュー調査を行った際に、必ず話題となったのが使用料金のことであった。携帯電話の使用料を支払うためにアルバイトをするという高校生もなかにはみられた。じつは、中・高生の携帯電話使用の中心は、通話ではなくメールである。しかしそもそも、携帯電話使用の中心がメールである理由も、使用料金によるところが大きいとの声も多かった。つまり携帯電話のメールは中・高生にとって、限られた条件のなか、最大限のコミュニケーションを可能にするツールなのである。もっとも、携帯電話を最初に持ったきっかけは中学生と高校生では大きく異なり、中学生が親などの家族との連絡用に（習い事の帰りの際の連絡用など）持ちはじめたのに対し、高校生でははじめから友達とのコミュニケーションを期待して所持しはじめている。そのあたりでの意識の違いは大きいかもしれない。しかし、中学生であっても、携帯電話を持っている友達がいれば、その相手がメル友（メール友達）となり、携帯メールによるコミュニケーションが始まる。中・高生の携帯メール相手の多くは、過去、もしくは現在通っている学校の友達であり、懸念されているような出会い系サイトで知り合った、実際の顔を知らないメル友とのやりとりはほとんどみられなかった。つまり、会ったばかりの友達と、帰宅後もメールによってコミュニケーションをとり続けているというわけである。そのコミュニケーションの内容は、①言いづらいこと、②悩み事、③恋愛に関する話題（恋人との会話）、④その日の出来事、⑤ギャグ・くだらないことの5つに大きく分けられる。通話は「よけいな話をしなくてはいけない」ために、メールでのコミュニケーションを好む中・高生もみられたのだが、その反面、③〜⑤のように、従来のコミュニケーション手段であれば「わざわざ言うほどのこともない」内容であっても、今の中・高生は携帯メールでやりとりをしている。このような、いわば「感情のたれ流し」的なコミュニケーションを楽しんでいるために、彼らにとって携帯電話は必要不可欠なものとなったのではなかろうか？　これは中・高生に限らない現象かもしれない。

Column ⑧ ペットブームの背景

　日本は今や，空前のペットブームといわれている。多くの飼い主は，ペットを「家族の一員」や人生をともに歩む「コンパニオン・アニマル」と考え，大切につきあっていると思われる。しかしながら，流行におされて買ったペットを飼いきれずに処分する人々も後を絶たない。日本で飼われているペットの数が増加の一途をたどる一方で，大量の動物が殺処分に追い込まれているのが現状である。このようにペットがモノとして大量に消費される現象は，他国ではみられない。まさに，「ブーム」で生産・消費され，廃れると捨てられるのである。ペットに精神的な安らぎや癒し，ファッションやかわいさを求め，自分の思い通りにならないと処分するといった自分勝手で無責任な行動は，どのような背景から生まれたのであろうか。

　その最大の原因と考えられるのは急速なコミュニティの崩壊である。未婚率や離婚率の増加などによる家族形態の変化，少子高齢化，親戚づきあいや近所づきあいの希薄化にみられるように，個人を尊重するなかで，家族がバラバラになってきている。また，社会では終身雇用の崩壊にともない実力主義が叫ばれるようになり，会社への帰属心や仲間意識が低下している。生活が豊かになった反面，ストレスは高く，人々の心には孤独感が強まっているのである。

　そのような心のすき間を埋めるために，ペットに癒しを求める人がふえていると思われる。人間と違ってペットは言葉をもたないため，言葉により傷つけられる心配はなく，「話を聞いてくれる存在」「裏切らない存在」と感じられるのであろう。それは，人間関係で心が疲れている人にとって，ホッと安心できる場所なのかもしれない。

　しかしながら，ペットは動物であり生き物である。そうそう人間の思い通りにはならないのが当然にもかかわらず，飼うのが困難になると捨てたり，思い通りにならないと虐待したりというケースが多くみられる。個人主義に移行しつつあるといわれる日本であるが，自由にともなう責任を理解しないまま，自己愛的で自分勝手な行動を押し通そうとする人々がふえているように思われる。

　動物やペットに対する目線は，さまざまな点で子どもや高齢者に対するそれと類似しているといわれている。ペットの命を軽視するということは，人間の命，弱者の命の軽視につながると思われる。最近の児童虐待などの増加にもこのような背景が共通していると考えられよう。日本が，子どもや高齢者にやさしい社会，そして動物にやさしい社会になるためには，地域社会が中心となって，これからの人間関係のあり方や人間と動物の共生について真剣に考えていく必要があるのではないであろうか。

Column ⑨

不登校児への絵画療法 —円枠感情表出法

　不登校の子どもたちにかかわる際に，非言語的なアプローチが有効となることが多い。そのなかでここではとくに，不登校の子どもたちへのかかわりとして開発された円枠感情表出法を紹介する。

　A4の紙を横にして，まず，大きくいっぱいに楕円枠を描く。そして，表出してほしい場所を1つの楕円に1つ設定する。相談室，教室，教室（給食の時など），教室（数学の時など），保健室，職員室（休み時間，授業時間，放課後など），体育館など多様である。「ここで，感じている気持ちを色で表してみると，どんな感じかなあ。いろいろな色を使って，気持ちを表してみよう」という教示によって開始する。色で描きづらそうであれば，「言葉を書いてもいいよ」と言い添える。色で表してみようという言葉がけは，色で塗ってもいいし，形あるものを描いてもいいし，記号でもいいし，というあいまいなメッセージであり，選択を子どもたちにゆだねることになる。「色だけでいい？」と聞いてくる子もいるが，むしろ，色を塗っているうちに形になってきたなど，描画そのものにプロセスがあることが多い。必要と感じたら，あらかじめ四角の枠を描き，さらにその中に円枠を描くことで，感情は二重に守られていく。描き終わってから，楕円の外に，相談室などの場所をセラピストが記入する。

　不登校の子どもたちは，時間や場所によって，気持ちの持って行き方を使い分け，自分なりの適応の努力をしている。その努力のありようをできるだけ子どもたちの心に寄り添って理解し，かかわっていくうえで，とても有効な方法である。時々刻々と変わる子どもたちと人あるいは時間や場所との関係性のありようを，言語を介さずに理解し，対応することができる。色が表現する区域はそれぞれの状況で異なる。ある子が，相談室を，「左側にピンク，右側に青」と2分割した。あるいは，幾重にも色が重なり合うこともある。

　ひととおり色を塗ってから，その色がどんな気持ちを表現しているかをできる範囲で言葉にしてもらう。相談室を2分割した子は，「左は温かい，右は落ち着く感じ」と答えた。しかし同じ子が，教室を思い浮かべて感じていることを色で表すと，円枠の中を真っ黒に塗りつぶしてしまったあと，「とにかく，いや」と語った。この子の場合，教室への復帰の時期を慎重に考えていくことが必要であろう。ただ，無理に言葉にすることはなく，あくまでも何となくそんな感じがするというあいまいさを重視する。あいまいだからこそ色によってしか表現できないからである。色に表現することで，あいまいさやきつさが少しやわらぐこともあり，感情との適度な距離を手がかりにして，語りが始まることもある。「色の体温計」のようなものと考えてよいのではないだろうか。

第3章

関係性の病理をもつ青少年への対応

第1節

対応する際の原則

　関係性の病理をもつ青少年の心は，人間関係の問題で傷つきずたずたになっている。クライエントの心は，過去において，自分が人に傷つけられた体験に深く傷ついているし，自分が人を傷つけてしまった体験においても深く傷ついている。それゆえに現在，自分が人に傷つけられるのではないかと常に恐れびくついているし，また自分が人を傷つけてしまうのではないかという恐れに慄(おのの)いている。だからこそ人とかかわることが恐ろしくてしかたがないのに，一方で人とつながりたくて人を求めてしまう自分にも気がついていて，その矛盾に引き裂かれ，苦しめられている。

　それが親との関係であっても，友人との関係であっても，クライエントはその人間関係のなかに囚われており，そこから逃げ出すことは不可能のように感じている。他者によって傷つけられたという経験は，傷つけた他者への腹立ちや怒り，批判を直接引き起こすよりも，その経験が，自分自身のなかにある弱点，幼さや弱さ，頑固さなどの原因から生じているように感じて，むしろ罪悪感や自己嫌悪につながりやすい。また自分が愛されたい，認められたいという強い思いから，相手を傷つけることに対して過度に臆病になり，ちょっとしたことで相手を傷つけてしまったのではないかと悔やみ，その結果自分のことを愛される価値のない人間であると考えてしまいやすい。人とつながりたいという思いと，自分は必要とされない人間であるというあきらめの気持ちが，一方で人間関係のなかでとても率直に自分を出して自分の思いを伝えたいという切迫と，自分は人に何も言う資格がないのだから人の前から消え去るべきという

禁止を同時に生じさせる。その矛盾が，人との関係をもちはじめるとすぐに，心のパニックを引き起こすのである。

　関係性の病理をもつ青少年に対応する際の原則を一言で言えば，他の病理のクライエントに対応する際と同様に，人間関係のなかで，他者との間に距離を置くこともできず，かといって近づけば，人に傷つけられ人を傷つけてしまい，心がずたずたになる経験をくり返さざるを得ないクライエントの，いかんともしがたい苦しみを，カウンセリングのなかで悩みの内容として語ってもらい，それをセラピストが深いところで理解することであろう。

　しかし，セラピストとクライエントとのそのようなカウンセリング的共感関係に入る以前の段階の出会いにおいて，関係性の病理のクライエントはかなりの困難を呈するということを肝に銘じる必要がある。クライエントは関係性の病理をもっているので，セラピストとのカウンセリング的関係そのものも病理に彩られるのである。たとえば，カウンセリングを受けるようにだれかに勧められる言葉そのものに傷つけられている場合もあるだろう。ところがその勧めによって自分の心が傷ついたことによる腹立ちを腹立ちとして感じられず，カウンセリングを勧めてくれた人への表向きの感謝の気持ちや，カウンセリングに期待しているというような前向きの気持ちをセラピストとの初回面接で表すかもしれない。しかしセラピストはその表向きの前向きな態度の裏にどことないわざとらしさや大げさな印象を感じ，その背景がわからずに戸惑うということも起こるかもしれない。セラピストと初めて会うことそのものに対しても，またどうせ傷つけられるだけではないか，あるいはまたどうせ傷つけてしまうのではないかという思いを強く感じてしまい，カウンセリングを始めることそのものが大変な不安を喚起するストレス源になってしまうのである。

　セラピストもまたまわりの大人たちと同様に自分を傷つけるようなことを言うのではないかという不安，セラピストに対してもまわりの人へと同様に相手が傷つくことをしたり言ったりしてしまい，その結果セラピストは自分を見捨てるのではないかという不安，この人は自分の役に立つのかどうか，あるいは自分はこの人の役に立つかどうかという不安，これらの不安がすでに最初に出会う時にクライエントの心のなかで渦巻いている。

　そこで第一の原則は，悩みの内容を聴き出す前に，最初の接触の時点から，

今ここでのセラピストとクライエントとの関係性のなかで生じていることに全神経を集中させ、これらの不安をできるだけ感じ取り、必要ならそれを言葉にしてクライエントと共有することである。

　今、目の前にクライエントとして面接に訪れている気持ちはどんなものか、だれかを傷つけないために来談するのか、それともだれかを傷つけるために来談するのか、とげとげしさを表に現して傷つきやすさを裏に隠しているのか、傷つけないような配慮を前に現して、とげとげしさを裏に隠しているのか、必死で話しながらも話のなかの人を傷つけないように配慮しているのかどうか、そのような配慮のなかにとげとげしさはないか、別の話をしながらも今目の前にいるセラピストへの不信感・不満などの感情が込められてないか、セラピストに過度に気に入られたいという気持ちや急に近づいてほしくないという気持ち、セラピストへの恐れや不安がクライエントの表情に見え隠れしていないかなどの関係性の要素にアンテナを張って、クライエントの今ここでの気持ちに波長を合わせようとすることが有効である。それに加えてクライエントの来談にいたるまでの経緯を話してもらい、どのような人との関係で傷つき傷つけられたのか、その苦しみをどこまで感情を込めて言葉で表現できるのか、あるいは現実的な内容が中心で傷つき傷つけられた気持ちはなかなか感情を込めた言葉に表せないのか、どのようなことに傷つきやすいのか、傷ついたときにその傷ついた気持ちを傷つけた相手にどこまで表現できるのか、相手のどのような反応に対して自分が相手を傷つけたと判断するのか、相手を傷つけたと感じたときにクライエントはどうするのかなどについて、しっかりと理解しておくことも、今後のセラピスト－クライエント関係を予測する準備として重要である。

　クライエントに来談する意思がなく、こちらから連絡を取る必要があったり、会いに行かなければならない場合は、なおいっそうの配慮が必要であろう。その場合は、田嶌（1998）の「節度のある押しつけがましさ」という概念が参考になる。

　【事例１】いじめを機に不登校になった中学２年生Ａ子は、担任が勧めてもセラピストと会うことを拒否していたが、担任の同意を得てセラピストから電話してみた。蚊の泣くような小さな声で応答している彼女のようすから、この電話をとても不快に感じていると思ったセラピストは、「突然電話してとてもいやな思いをさせてしまったね。私が来校している日に会えたらいいと思って電話したのだけれども、もう電話を切ります。

> でもおせっかいかもしれないけど何か役に立てたらと思っているので，もしよかったらまた顔を出してください」と伝えて速やかに電話を切った。すると翌週に彼女は母親に連れられて来校し，面接を受けることができた。

　本事例は，不快な電話をしたことを謝り，できるだけ速やかに電話を切ることが，不快な気持ちでいた彼女の気持ちを動かし，相談を受けるだけの信頼を得たと考えられる。田嶌の3分法は，ひきこもりの学生の自宅を訪問し，面接を拒否する学生に，「3分だけ面接させてほしい」と持ちかけ，3分経ったら約束を守ってきっちりと面接を切り上げることで信頼を獲得する方法である。

　関係性の病理をもつクライエントは，人間関係に疲れ切っている場合がある。そのようなクライエントに対してまわりの大人が犯しがちな過ちは，そのクライエントのためによかれと思い手を差し伸べて，しばらく自分のペースで助けようと努力し，結局クライエントを混乱に陥れてなすすべもなく引き下がることである。そのような経験を何度か積み重ねると，自分の助けになりたいと近づいてくる大人を信じられなくなり，拒否するようになってしまうのである。そのようなクライエントは，あらゆる援助の申し出に頑なに拒否をすることで自分を守ることもある。そのように身を固くして自分を守ろうとするクライエントに対しては，おせっかいをやきながらも引き際が鮮やかな「節度ある押しつけがましさ」が功を奏する場合も多い。

　第二の原則は，クライエントの言葉にセラピストが素直に傷つき，その傷にかさぶたができて癒えていく経験を積み重ね，関係のなかで心理的に生き残ることで，クライエントの居場所でありつづけるということである。

> 【事例2】いじめを機に登校しぶりのみられた中学1年生のB子は，初期の面接するどい視線をセラピストに浴びせつつ，いじめで傷つけられた気持ちを，まるでいじめたのがセラピストであったかのようにセラピストにぶつけ，セラピストが傷ついても生き残り，自分のために支えになってくれることを確かめるように，しばらく緊張感をみなぎらせてカウンセリングに通いつづけた。セラピストが信頼できる人だと感じられるようになってからはそのようなとげとげしさはなくなり，自分の心情を少し客観的に落ち着いて話せるようになっていった。
> 　クラスでの孤立を主訴としてセラピストに紹介されてきた中学1年生のC子は，セラピストを，「はげ」「根性なし」とからかい，「ジュースをおごってくれないとここに来ない」などと無理難題を要求し，断わるとかなりの剣幕で不満をぶつけてきたが，しば

> らくそのような面接が続いたあと，ある日「あんたをからかってるとめちゃ面白い！」と言うので，「そんなふうに言われると照れるよ！」とセラピストがこたえると，しだいにセラピストの質問にも耳を傾けはじめ，誰にも言えなかった自分のつらい過去の話をいっきに話しはじめた。

　関係性の病理をもつ青少年のクライエントは，これまでの人生のなかで人の叱責や揶揄, 無視, ないがしろにされることなどに傷つき，人を傷つけることへの恐れから，自分のなかの苛立ちや憤懣, 怒り, 憎しみなどの本音についてほとんど表現することができなかったのである。そのようなクライエントは，傷つくことや傷つけることに人一倍敏感なのである。セラピストのちょっとした言動がクライエントにとってはとても重要なことに映り，その言動により生じる苛立ちや憤懣, 怒りをセラピストにぶつける場合がある。クライエントは心の一部分では，そうすることでセラピストが傷つき，その傷をとおして自分がクライエントにした仕打ちに気づいてほしいと思う。関係性の病理をもつクライエントとかかわる人たちはたいていの場合，今までの経緯から，クライエントに否定的な感情をぶつけられると，「またか」というような心の死んだような反応しかクライエントに示すことができない。だからこそなおさらクライエントはセラピストにリアルに傷ついてほしいのである。

　しかし一方で同時に，クライエントは人を傷つけることにも敏感でとてもそれを恐れている。セラピストに否定的な感情を表すことで，自分の中にそのような感情があること自体に恐れや恐怖を感じ，相手を傷つけることで相手を苦しめてしまうのではないか，あるいは相手が復讐してくるのではないか，相手が自分を嫌いになったり馬鹿にするのではないかなどと感じて，いたたまれなくなるような思いを抱くかもしれない。矛盾するかもしれないが，クライエントは，自分が攻撃してもセラピストには平気であってほしいのである。

　だからこそセラピストに期待されることは，クライエントの否定的な感情の表現に対して，傷つくと同時に平気であることなのである。血を流しながらも安定していてほしいのである。このような対応が時にたいへん困難であることは十分承知しているが，少なくともある程度はリアルに傷つきつつ，その傷を癒しながら，またリアルに積極的にクライエントにかかわりつづけるような態度が必要に思う。セラピストに，攻撃され傷つくことに対して免疫ができてい

れば，傷ついた後の回復が早くなるだろう。しかし大切なことは，クライエントのぶつけてきた否定的な感情を避けすぎずに受けとめ，リアルに傷つき，それでもなおそのような否定的な感情をもっているクライエントその人を大きく受けとめ，包み込むような包容力であろう。クライエントにとって，人が傷つくのは事実としても，それでもその傷は回復していき，人は生き残るということを，実感として長い時間をかけて理解していくことがとても大切だからである。

　その意味で，関係性の病理をもつ青少年のクライエントに対応する原則として，その治療的関係のなかでは，最低限のルールを守ること以外は，何を表現しても許されるという安心感が体験されることが重要である。最低限のルールとは，セラピストがクライエントとリアルに積極的にかかわっていこうと思う気持ちを失わせるようなことに対しては，逆に毅然とした態度でそれを制止するという，セラピストが生身の人間であるがゆえに生じる自分の受けとめる限界であり，自分をしっかりと守るというもう１つの原則である。

　関係性の病理をもつ青少年のクライエントへの対応の原則は，問題が関係性であるがゆえに，治療関係そのものも病理に支配されやすいということの理解に基づくことが必要である。クライエントが日常の人間関係のなかで陥りやすい傷つき傷つける関係性の落とし穴に，セラピストが自覚をもってある程度入りつつ，そこでセラピスト－クライエントの関係が切れることなく維持されていき，その関係が落とし穴ではなく居場所であるといつかクライエントが実感できた時に，治療は終結に近づくのかもしれない。

　またそのような治療関係のなかで，セラピストのクライエントへの共感も深まり，洞察も進んでいくだろう。しかし忘れてはならないのは，治療のどの時点でも関係性の問題が大きな口を開けているということなのである。そしてそれは病理の温床でもあり，治療の入り口でもありうるのである。

第2節 対応の実際

1 友人関係

❶──青少年の友人関係の問題への対応
(a) 孤独感からみた友人関係の発達

　他者との関係をどうつくっていったらよいかは，一度つまずくとわからなくなってしまう。ここではまず，落合（1989）の孤独感の発達に関する研究から，対人関係の発達を考えてみよう。

　青年期における孤独感は2次元構造（図3-1）で説明されている。「現実にかかわりあっている人と理解・共感できると考えているかいないか」という対他的次元と，「人間の個別性に気づいているかいないか」という対自的次元である。つまり，他者との関係性のあり方をどうみているかと，自分という存在のあり方をどうみているかによって，孤独感の感じ方が決まる。孤独感は，2つの直交軸で区分された4つの領域によって，A型〜D型という4つの現れ方をする。A型→B型→C型→D型という順序で変化していくこともわかっている。A型の人は，家族や身近な友人が，自分のことをよくわかってくれていると思って安心しており，融合的な一体感のなかで暮らしている。だから，家にひとりでいる時などを除いては，自分がひとりだと感じることはまれである。したがって，友人関係に問題を感じることは少ない。

　B型は孤独感の始まりである。現在自分のそばにいる人は，自分のすべてをわかってくれないと不満に思っている。一体感に包まれた安心感はもはやない。

第2節 対応の実際

```
                  現実にかかわりあって
                  いる人と理解・共感で
                  きると考えている
                        ↑
   ┌A型┐        人│     ┌D型┐
   ●他人との融合状態  間│     ●独立態としての孤独感
    での孤独感      同│     ●互いの代替不可能性を
   ●漠然とした孤独感  士│      自覚し、理解しあおう
                の│      としている状態での
                理│      孤独感
                解│
                ・│
   個別性に気づ    共│       個別性に気づ
   いていない     感│       いている
   ←―――――――――に―――――――――→
                つ  自己(人間)の
                い  個別性の自覚
                て
                の
                感
                じ
                (
                考
                え
                )
   ┌B型┐        方│     ┌C型┐
   ●理解者の欠如態と   │     ●他人からの孤(離)絶状
    しての孤独感     │      態での孤独感
   ●理想的理解者を追   │     ●他人への無関心・人間
    求している状態で   │      不信をもっている状態
    の孤独感        │      での孤独感
                  ↓
                  現実にかかわりあって
                  いる人とは理解・共感
                  できないと考えている
```

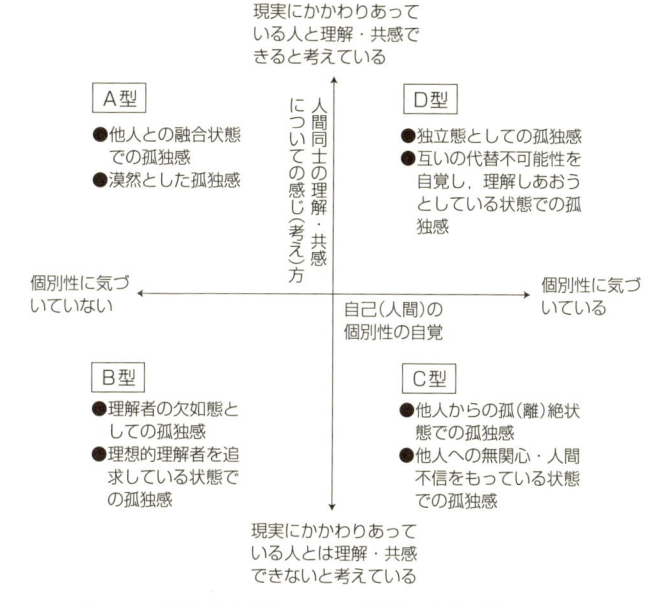

図3-1　孤独感の構造と4つの類型の特徴（落合，1989）

しかし，どこかに自分を理解し共感してくれる人がいるはずであり，いつかその人が現れることを期待し信じている。つまり，自分を全面的に理解してくれる理想的な友達がいるはずなのに，今その人がいないことで孤独感を感じている。B型の孤独感を感じている人は，いつかよい友達と出会えるはずだという希望と，今自分をわかってくれる友達がいないさびしさの間で揺れている。しかしそこには自分にかかわってくれる現実の他者はいない。ロマンチックなあこがれと，センチメンタルなさびしさが同居する自分ひとりの世界にいる。現実の他者が出てこないのは，理想をみて現実をみていないことに原因がある。ひとりよがりなところがあるので，対等な関係，互恵的な関係を築きにくい。

ところがC型になると，人間はもともとひとりであり，自分に代わって自分の人生を生きてくれる人はいないことに気づく。これが人間の個別性である。そもそも人間は別々なのであって，わかりあおうとか，わかってほしいなどと思うこと自体が無意味だと考えてしまう。そう思ってあきらめようとする。その前のB型では，理想的な理解者が見つかったと思えれば孤独感は消失した。

しかし，C型の人は，人間はそもそもわかりあえないという前提に立っている。そのため，孤独は必然となる。C型の人は，疎外や裏切りを経験して友達関係から身を引いている場合がある。友達をつくるから裏切られる，人のなかに入っていくから居心地の悪い思いをしてしまう。それならはじめからひとりでいるほうがまだましだ。そうやって，人といて傷つくことから自分を守り，その代償として孤独に耐えている。しかし，C型はD型の1つ手前の段階である。一歩進めばD型へ移行できる。それには何らかの出会いが必要である。

　D型の人は，人間存在が孤独だという事実を，自分と同じ人はいない，だから自分はかけがえのない存在なのだと感じることができる。ここがC型との違いである。ものごとを否定して考えることを止めるのは簡単だが，それでは何も発展しない。人間はひとりであるという事実を否定的にとらえるのではなく，肯定的にとらえたほうが人生は何倍もひらけていく。このしたたかな強さがD型の特徴である。だから，人間存在が孤独であるという事実に向き合える。やがて，自分だけでなく，すべての人が代わりのいない，かけがえのない存在であると理解できるようになる。そして，傷をなめあおうとするのではなく，互いに価値ある存在として支え合おうとする。人とのかかわりあいに対して臆病になったり，別の人間なのにわかりあえるはずがないと理屈をこね，すねてみせることがなくなる。D型まで移行した場合には，対人関係のもち方もかなり成熟してくる。人間はわかりあえないという立場に立つと，人と関係をもつことや友達をつくることには意味がないと思えてしまう。また，人間は100％理解しあえると思っているのもあまり現実的ではない。違う人間なのに，自分も友達をわかろうとするし，友達も自分をわかってくれようとしている。お互いに気持ちをできるだけ言葉にし，ごまかさずに話し合って努力すれば，かなりの程度人間は理解しあえる。言わなくてもわかってほしいというのは，他者に対する甘えである。それでは，対等な人間関係にはならない。

　友達から傷つけられた経験のために，友達をつくったり，友達に心を許すことが恐いという場合には，そこから抜けるのに少し時間をかけるしかない。ひとりになって心を休めることが必要である。そして自分で頃合いをはかって，また友達のいる世界に出て行く。いつまでもひとりでいては，傷の痛みが消えない。病気の場合も，医師の治療が終わってすぐに痛みが消えるわけではない。

そのあと，ふつうの生活に入っていって，徐々に痛みが消えていく。友達につけられた傷は，ひとり静かに心を休めて傷が治ったあと，新しい友達とふれあうことで痛みが薄れていくものだろう。

(b) いじめとグループ

友達がいることで生じる問題には，友達からのいじめがある。ことに，女の子のいじめは巧妙だといわれる（Simmons, 2002）。対応しにくいのは，近い友達からのいじめである。教師も親も，いじめを行う生徒と，いじめられる生徒が仲良しだと思っていることが多い。時には，本人も自分がいじめを受けているという意識がない。女子の場合には，学校やクラスのなかに，グループとよばれる独特の友人関係がある。グループに所属し，グループを居場所として確保しておくことが学校適応には欠かせない。女子にとって，ひとりぼっちな人だと見られることはタブーだからである。ひとりにならないために，閉鎖的で絆の濃い少数限定のグループを形成したり，複数のグループを連結した大所帯のグループを形成したりする。それなのに，そのグループのなかでもいじめはあり，1人がターゲットにされて排斥されたりからかわれたりする。ターゲットは順番に代わっていくこともある。弱い子だけではなく，リーダーがターゲットにされる場合もある。つまり，だれもがいじめのターゲットになりうる。このことは，いじめをされる側に原因があるわけではないことを示している。自分以外の人であればだれでもよいのである。したがって，いじめを受ける側が，自分に原因があると思いこみ，何が悪かったのかを相手に聞いても答えは返ってこない。それなのに，自分に落ち度があると思いこんでいる子どもは多い。相手が悪いと糾弾するのは，相手と自分の今までの関係が，友情ではなくいじめだった，自分たちは友達ではなかったと認めることになるからだ。それは，友達からのいじめに耐えることよりつらいようである。

もし，いじめにあったらどうすればいいか，シモンズの記述をまとめるとこうなる。ひとりで抱え込まずに味方になってくれる人に話す，その友達に執着しないで離れる，思っていることをため込まずに吐き出す，新しい世界を見つけてそちらに参加する，そして学校を卒業すればこんなくだらないことは終わるのだと達観する，である。いずれにせよ，いじめの問題に対処するには，親も教師も本人も，現実をみるしかない。いじめは学校にある。いじめは友達，

あるいは，クラスメイトがする。だから，いじめられている側には，大人の支えが必要である。そして，いじめる側には大人による制止と指導が，いじめの行われているクラスには人間関係についての再教育が必要になる。人がされていやなことをしているのだという罪の意識を，いじめる側にうながしておくことは必要であろう。

　いじめの問題は，小学校から中学校にかけて多くみられるが，高校ではあまりみられない。しかし，仲の良いグループには，仲の良さのために別の問題が現れることがある。それは，他の友達とつきあいにくくなることである。グループの凝集性が高く，そのグループへの忠誠心が強まると，他のグループの友達と仲良くすることは裏切り行為にみえてくるからである。たとえば，クラスのなかにバレー部仲間のグループができている時に，そのバレー部の1人が，別のグループの子と仲良くしていると，残りのバレー部グループはおもしろくない。「私たちをとるの，それともあの子をとってグループから抜けるの？」という騒動にまで発展することがある。女子の間では，自分の友達には他の子と仲良くしてほしくないという排他的な心理がみられる。

　女子に比べれば，男子の場合には，友人関係の問題は少ない。それは男子の場合，女子に比べてあまり人間関係に固執するところがないからである。しかし，気持ちを聞いてくれる相手がほしいという悩みが出てくることがある。男子は，女子に比べると，あまり自分のことを打ち明けあったりはしない。バカなことを言い合うことはあっても，心を通じ合わせるようなことはあまりない。友達と語り合うには，自分だけが語りの気分に入っても，うまくいかない。友達もそういう気持ちになっていないと，話にならないのである。男子より女子のほうが話を聞くのに慣れているので，女子の同級生や先輩を相手に選ぶほうがうまく話せるかもしれない。

(c) 思いこみに縛られた心

　心のなかの思いこみは，人間の行動を抑えてしまう。対人関係に関する思いこみはいろいろある（Ehrhardt, 1994；舩木, 2002）。なかでも，自分を出したら嫌われるかもしれない，本当の自分を知られたら友達は自分から離れていってしまうかもしれない，という思いこみはよくみられる。これが強いと，ありのままの自分で友達とつきあうことができなくなる。そのため，友達はいる

が自分の本心を出せなくて，自分の友達関係をものたりなく感じてしまう。友人関係から得られるものに相互理解があるが，お互いが自分を出さずにつきあっている限り，相互理解に到達することはできない。そのためには，「自分を出したら嫌われる」という誤った思いこみから抜け出す必要がある。豊田（2004）は，このような思いこみを2種類の信念にまとめ，その発達的な変化を明らかにしている。第一に，だれに対しても深く密着したつきあいをしなければならないという信念から，自分でつきあい方を柔軟に選んでよいという信念への変化である。第二に，ありのままの自分を出すことは危険だという信念から，ありのままの自分を出してよいというお互いの関係性を信頼した信念への変化である。それにともなって友達とのつきあい方は変化し，友達関係への満足度も高くなっていく。頑なな思いこみが柔軟になり，お互いの関係性を信じられるようになると，友達関係は深まり満足のいくものになる。

2──友人関係のつまずきへの対処

(a) 友達に対する不満

友達がわかってくれないという悩みをもつ場合は，まず自分はどうかを問うてみるとよい。自分は友達のことをわかってあげているだろうか。自分ばかりが相手に要求していないかどうかを確認しておく必要がある。友達が離れていってしまったという悩みの場合には，お互いの求めるものが変わってしまった可能性がある。相手が，もっと深い話をしたいと望むようになったり，異性の話をしたくなったときに，それを話せる相手として別の友達が選ばれてしまう。大人になっていくスピードには個人差がある。お互いが違うペースで大人になろうとするとき，友達関係が少し変わっていくことは，残念だがよくある。

(b) 自分に感じる不満

友達に自分を出せないという悩みは多い。先に書いたように，自分を出したら嫌われるという思いこみが，自分を出したい気持ちを抑えている可能性がある。だれとでも仲良くならなければならないわけではないし，本当に自分を出せる相手は，1人かごく少数だと思っていたほうがよい。また，友達に合わせてばかりの自分がいやだという悩みも，女子には多い。みんなに合わせることに疑問を覚えること自体，成長した証しともいえる。しかし，急に自分だけ

やり方を変えるのは，全体の雰囲気を壊して，むだにめだってしまう可能性もある。もしそれが気になるなら，自分を出す友達と，「そうそう」とうなずき合って楽しむ友人関係を別々にすればよい。友人関係は複数あってよいのである。

(c) 友情への疑問

友達に振り回される悩みもある。友達という居場所は失いたくないが，友達関係を維持するために，自分を抑えたり，したくもないことをつきあわされると，悲しくなる。友達だと思っていないのにいっしょに行動し，退屈しのぎに非行に走るケースは，学校の友達関係に適応できなかったことが原因である場合が多い。学校の側が友達づくりの環境を整え，そのうえで学校復帰を考えないとうまくいかない。

友達はいらないと思う気持ちは，一度深く傷ついた場合や，大学浪人をしている予備校生などに現れてくる。友達を求める気持ちが弱さにみえ，1人でいることが強さに思えてくる。しかしそれは，友達から受ける影響を恐れているだけである。孤立は強さではないし，成熟でもない。一時的に友達づきあいをしなくなることのメリットもあるが，人と影響し合いながら，なおかつ自分の道を歩むほうが強くなれる。

❸──よい友人関係のその後

友達から拒否されることへの不安は加齢によって減少する（杉浦，2000）。「仲間との人間関係に最も気を使っていたのは中学校時代で，高校，大学と上に行くにしたがってだんだんとその必要がなくなって，楽になってきた」（服部，2002）というのが一般的な傾向である。そして居心地のよいつかず離れずの関係にたどり着く。たとえば30代女性が描く大切な友人関係として，「話したいことなら何でも聞くけれど，話したくなければ話さなくていいし，立ち入った質問もしない」（岸本，2000）関係があげられている。

しかし青年期にはこれではものたりない。青年期の友人関係は，厚い友情を求めてお互いを厳選し合う世界である。異性関係とは異なり，容姿や能力は武器にならず，人格と信義が問われる。青年期に厚い友情が形成されるのは，青少年が友達を必要としているからである。友達は友達を必要としている人，友達に自分のそばにいてほしいと思っている人にだけ得られるものである。その

意味で友達どうしは対等である。青年期には、まず相互理解へつながる深い友人関係を築くことが望ましい。その経験があれば、その後の成人期にも長く続く友人関係を維持していけるであろう。「友情とは年月のことである」（佐野, 1988）という言葉もある。よいことも悪いこともあるかもしれないが、友達とは、長くつきあっていくと、また楽しみがふえていく関係でもある。

2 親子関係

1 ──「親は私を愛してくれている」という確信の揺らぎ

第2章第2節で検討したように、虐待、体罰、心理的な脅迫、期待や価値の押しつけという支配や、過保護、過干渉などが、子どもにストレスを与え、傷をつくる。これらはその時々では小さな擦過傷（かすり傷）であるかもしれないが、その傷がいく度となくくり返されていくうちに、大きな心の傷となる可能性もある。親子の日常的なかかわりにおいては、小さな擦過傷をつくることは避けられないことかもしれない。その傷を治すということは、どういうことなのだろうか。ここでは、子どもの精神的な病理の有無にかかわらず、親子関係の根底にある問題を検討していくことにする。

親子の問題の核心は、「私は親から愛されていない人間だ」「私は親から大事に思われていない人間だ」という、親との関係からみたときに「自分が親から受け入れられていない」という思いが、子どもの自分に対するとらえ方を規定してしまい、それがあらゆる場面、あらゆる他者との関係のあり方にまで影響を与えてしまうような確信、すなわちアイデンティティとして実を結んでしまうことにあろう。さらに、「親から愛されていない」ということが、自己に対する否定的なアイデンティティだけではなく、自己に対する信頼感、そして親に対する信頼感（基本的信頼感：basic trust（Erikson, 1950））の確立という問題にもつながっていく。

2 ── 親子はやめられない ─ 親をやめたいという本音に行き着くとき ─

親は思い通りに子どもを育てようとしても育たないということを突きつけられることがある。そして思うようにいかない苛立ちや怒りをわが子にぶつけて

しまう。

　ある母親は子どもの受験をめぐり思うようにならず、次のような言葉を投げかけた。「なんでそんなこともできないの」「みんなはできるのになんであんたはできないの」「できないなんて恥ずかしい、なさけない」「やる気がないからよ、なんでやらないの」。

　親は自分の怒りややるせなさを子どもにぶつけ、自分のおさまらない気持ちをどうにかしようとする。こんなふうに自分の怒りを投げつければ子どもは反省するだろうとか、自分の問題点に気づいて変わるのではないかという期待もこの母親にはあったが、子どもは変わることはなかった。追いつめられた母親は、「もう、あんたの親をやめたいよ」とのどまで出かかっては言葉をのみこみ、子どもの世話を投げ出したいと思うこともあった。「私はしらない、もうなるようになれ」とさじを投げてしまって、自分の気持ちをおさめようとしたともいう。

　そのうち、子どもが自分の失敗を自分で責める場面に直面した。「おれはなんてばかなんだ」と自分の頭を自分のこぶしで殴って、泣いた。また、別の日には、「あの……、また今日ねダメだったんだ……。怒らない？」とうつむきながら、とても暗い表情で、親から怒られることを恐れ、身構え、おどおどとしたそぶりを見せた。こうした子どもの姿から、母親はこれまでの対応の誤りに気づかされていったという。

　失敗して悲しみを抱いていたのは母親である自分ではない。子どもなのだ。失敗を母親に責められ、罵倒され、惨めで行き場がなくなる思いをしているのは子どもである。わかっていてもできなくて、「自分は不甲斐ない存在だ」と親から思いこまされたのは子どもであった。母親は、「そういう子どもの思いに行き当たったとき、私は急に子どもが愛おしくなりました。責めても仕方がない、非難したらかわいそう。怒ったからって、できるようにはならない。わかっていたってできないことは、大人の自分にだってたくさんある。やる気になれないこともある。やってもできないこともある」と思い直してみた。

　そう思い直してみると、子どもに腹が立ったり、なじったり、情けないという凝り固まった思いが、「失敗してもいいよ、できなくたっていいんだよ、いいよ、いいよ仕方ないよ、残念だったね」という言葉に変わるようになった。

非難ではなく，子どもの気持ちに寄り添う言葉をかけるようになった。「なんだか，甘やかしているだけではないか。できないままなのにこんなことでいいのだろうか？」という思いが心の片隅に時折浮かんだ。しかし，子どもを責めず，悲しみに寄り添うほうに，自分自身を仕向けるよう努めていった。焦る気持ちは，いつかどうにかなると置き換えて，自分の気持ちを楽にした。「自分が幼いとき叱られたときのことを思い出しました。叱られるような悪いことをしたとき，『悪いことをした』って，子どもの自分もそれなりに自分でわかりました。それなのに，いつまでも親から責められ続けると，とてもいやな気持ちでした。叱られるようなことをしてしょげている自分を励ますような言葉がほしかった。『悪いことはしたけど，あなたは悪い子ではない。母さんは愛しているよ』と，自分が温かく受けとめられていることを実感できるような言葉をかけてほしかった」と思い返したという。子どもが親に求めているのは，心の痛みやつらさ，苦しみをわかちあってほしいということである。そしてさらにいうならば，子どもがそうした悲しみや苦しみを感じるのは，親が子どもにかけた過剰な期待，子どもの現実に合わない期待をかけ，子どもはそれに必死にこたえようとしてきた結果としての失敗や挫折だったということだ。子どもはなぜその期待にこたえようとするのだろうか。それは，「親から愛されたいから」であり，「あなたは親の望むようなことができてなんていい子なの」と「親から認められ，愛されたい」と思ったからである。子どもは，親に愛されたいがために，親の期待を受け入れてがんばり，挫折して，親から非難されるという苦しみにもがいていたのだ。そういうことに母親が思い至り，「子どもを何があっても受けとめ，わが子なりの成長を見守ろう」と思いはじめてからやっと，子どもはゆっくりと，小さな失敗と成功をくり返しながら自分なりの成長を遂げていったのである。

3 ── 親から受け入れられているという確信が得られること

　この例が示しているのは，どんなときであれ，子どもが失敗したときに，「失敗してもそれでもあなたはわが子」「だいじょうぶ，母は，父は，あなたを見捨てない」という思いをしっかりと子どもに伝えていくことであろう。さらに，その根底には，「私はあなたを愛している」「私とあなたの間柄は何があ

っても切れない，私はあなたを見捨てない」という思いをくり返し何度でも親が子どもに伝えていくことだ。つらいとき傍らにいて肩をなでてやる，背中をさすってやる，手を握ってやる，抱きしめてやる。そうやって子どもがつらいとき，悲しいとき，悔しいとき，惨めなとき，失敗したときも，「そんなあなたを丸ごと受けとめるよ，いいよいいよ」と抱きとめること，「あなたとともに私はいるよ，だいじょうぶ」と伝えること。「私はあなたを愛している」と伝えていくことではないだろうか。

　失敗したとか，しくじったとか，悪いことをしたとか，そうした結果を受けて即座に断罪する側に親が立ってしまうと，子どもは行き場を失ってしまう。親とすれば，世間体とか，人様へのご迷惑とか，恥とかそういうことに心奪われてしまうかもしれない。しかし，そうした世間や人様への申し訳に心を砕くだけではなく，失敗したり，人を傷つけてしまったり，世間に迷惑をかけて「まずい」「困った」「どうしよう」と心を痛めたり，苦しんでいる子どもの心に寄り添ってみるように努めることを忘れてはいけない。そうすることで，子どもは自分の心を親に開き，自らの不安や心配，苦痛やモヤモヤとした心の重荷を，安心して親の前でおろせると感じるだろう。親の前で安心して重荷をおろすことができれば，明日もいろいろなことに立ち向かう勇気を得て，自分で生きていく力を回復するのではなかろうか。

４──自分をわかってくれている人の存在が子どもに与えるものとは何か？

　親が自分を見守り，自分のことをわかってくれている，自分を認めてくれているということが，子どもの支えとなることを，絵本『花さき山』（斉藤，1969）で考えてみよう。

　山道に迷った女の子が老婆に出会う。そこには一面に美しい花が咲いている。その花はどうして咲いているのか。「この花は，ふもとの　村のにんげんが，やさしいことを　ひとつすると　ひとつ　さく」と老婆は語る。「おまえのあしもとにさいている赤い花，それは　おまえが　きのう　さかせた花だ。」

　きのう家でこんなことがあった。こんど村の祭りがある。新しい着物がほしい。しかし，家は貧しい。そのことを知る姉が言う。「おっかあ，おらは　いらねえから，そよサ　かってやれ。」

妹の新しい着物を見て、その子はどんな思いをしたのだろうか。老婆が語る。「おかあは、どんなに　たすかったか！　そよは、どんなに　よろこんだか！　おまえは、せつなかったべ。だども、この　赤い花が　さいた。この赤い花は、どんな　祭り着の　花もようよりも、きれいだべ。」

この少女は、母に抱き寄せられて、「つらかろう、おまえも新しい着物を着て祭りに行きたかろうに、ごめんな、こうてやれんで」と抱きしめられただろうか。「つらい気持ちを母さんもわかちあっているよ、わかっているよ。おまえの気持ちが私にとってどんなにありがたかったことか。助かったことか」という母親の言葉が、この子どもにかけられたのだろうか。かけられなかったのかもしれない。だから山で迷い老婆に会ったのかもしれない。自分のせつなさを受けとめ、わかってくれる老婆と出会った。老婆との出会いで、赤い美しい花を咲かせることができるやさしい自分を少女は確認できたのだ。老婆の言葉が、少女の内なる声として少女を支えることとなるであろう。

子どもが人を思い自分の欲を我慢したこと、願望を断念したことによるつらさ、悲しみ、苦しみ、切なさという情緒を親がわかちあい、子どもを受けとめてやることで、子どもは自分のなかのやさしさに気づき、肯定的に自分をとらえていくことができるだろう。本来ならば、あの老婆の言葉を実の親が子に差し向けていかねばならない。しかし、親はそれを忘れてしまいがちである。子どもは、つらいときほど親に愛されているという言葉をかけてもらいたいものなのである。少女は親に代わって老婆と出会い、「わかっているよ　おまえの気持ちは」と声をかけられた。その自分に差し向けられた温かい声によって、つらさや切なさを、「親はわかってくれている」という親への信頼感へ変えることができるだろう。そしてそれを支えにして、子どもは自分を肯定的な存在としてとらえ直すことができるのだ。「着物を買ってもらえないのは親が私を愛してないからではない。お母さんは、私の切なさをわかってくれている。そう、私はお母さんに愛されている」という確信が、子どもを支える基礎となるのである。

5——子どもと親のぶつかりあい—対話する親子—

子どもが親の言うことを聞かないことは親にとってしんどい。しかし、子ど

もが親の言うことを聞かずに自分でやりたいようにしてみて失敗し，自分の力の限界を知り，そのしくじりから学び，自分を作り上げていく自立や親離れの過程ととらえることもできる。だが，親の助言を無視し，したい放題やりたい放題の子どもに対して，その意思を尊重するのだからと考えて，親は腹が立ちながらも黙認するとか，口を出さずに放っておくということはどうだろうか。

親が無理をして子どもに言いたいことを抑え込むのでなく，また，子どもも自分の自由が守られて自分の意見や考えを話し，親の言いなりではない自分を生きていくためには，何が必要なのだろうか。河合（1996）はそれを「対話」だと述べている。話し合う関係をもち，親と子が互いをわかりあおうとしつづけることである。

それでは，筆者の見聞したある親子のぶつかりあいをみてみよう。

親は，「田舎に戻って地道な仕事に就き，親と同居してほしい。自分たちはもう隠居してすべてを子どもであるおまえに任せたい」と望む。息子は，「田舎に帰っても自分が納得できる仕事がない。遊びも文化も，刺激もない。そんなさびしい田舎で自分の人生を送りたくない。自分は自分の人生を楽しみたい」と言う。親が言う。「何のためにおまえを育ててきたのか，そんなことでは子どもを育てる意味はない」と。息子は問う。「楽しみのない人生など，つまらない。親だってもっと自由に，人生を楽しめばよい，田舎に縛られて生きる必要はない」と。

親子の対話は語り合いという穏やかなものではなく，緊迫感を帯びた，互いが傷つけあうこともやぶさかではないというような対決となり，激しい言葉の応酬，なじりあいにもなる。

親が「こんなに一生懸命育ててやったのに，恩も忘れて勝手なことばかりしている親不孝者」と言えば，子どもは「頼んで産んでもらったわけではないから，親が子どもの世話をするのはあたりまえだ」と返す。「育ててやった」「勝手に産んだ」という応酬は，互いの醜さをさらけ出し，聞くに堪えない傷つけあいへと発展する。相手を受け入れようとする寛容さに思い至るゆとりもない。互いになじりあい，押しつけがましい恩をきせられたとか，世話をしてやったとか，世話をされて余計な迷惑だったとかの，損した得したの損得勘定，自分の人生をずたずたにしたのは親のせいだ，謝れといった応酬。こうした傷

つけあいやなじりあうことにとどまるのではなくて，その葛藤を乗り越えることが親子にはできないのだろうか。親子の宿命を呪うむごさを越えた絆というものを，人は親子という関係のなかで模索しているのではないだろうか。

ここでは，このように親と子が対決し，葛藤を乗り越えることの意味を，人が生きる原点を確認する作業という視点でとらえてみようと思う。ここでの親子の葛藤は，切っても切れない親子の縁を，絆という結びつきとして受けとめ直そうとする親子の課題（小沢，1998）であり，それは，人が人として生きていく原点を親子の間で確認しようとする作業なのではなかろうか。

6──親子の物語を創ること─「親子の縁」をどう受けとっていくのか─

人は生きるうえで，「私はこの世に生を受けたことを歓迎されたのだ」という自分の物語をもっていたいと思うものだ（西平，1981）。そして，親に育てられていくなかで，子どもは親に愛を求め，親とのかかわりをとおして一人ひとり固有な親子関係の物語を得ていく（小沢，1992）。親子の物語を得るということは，自分はどのように親に育てられたのかという，育てられたことに対する受けとり方といいかえることもできよう。そして，配偶者を得て子どもが生まれ，家族と暮らしていくなかで，今度は自分が親として子どもに対して，「私はあなたを愛している」という物語を与えていく。親となって子育てをしながら子どもに物語を与えていくと同時に，自らの親との間で創りあげてきた物語を自分で書き直していくのである。幼いころからの自分と親との関係によって構成された物語を，親となった自分が自分で納得のいくように創り変えていく。

人が人として生き抜いていく原点として，親子の縁を，親子であるという宿命を，親子の絆という情緒的結合の物語として親子のかかわりをとおして得ていくこと，それが，親と子どもがかかわって生きることの原点であろう。親が子どもを育て，子どもが親に育てられる。その営みをとおして，親は自分の人生を子どもとともに生きていく。親は自分の親との絆をふり返り，自分の物語を創り変えていく。たとえば，「今になってあの時の母さんの気持ちがよくわかるよ」とか，「やっぱりあの時の叱り方には納得がいかない。だから私はそういう親にはならないよ」というように，子どもであった自分が親となって親

のことをわかるようになる。あるいは親の態度を反面教師としてとらえ直していく。そうした作業，つまり自分の物語を創り変えていきながら，人は親との間の情緒的結合，つまり絆を確認し，それを自分が生きる指針としていくのではなかろうか。

7──おわりに──親にとって子どもを育てるとはどんな意味があるのか？──

　今の時代，親にとって子どもを育てることそれ自体が生きる喜びである，とは言いがたいかもしれない。跡継ぎを育てるという考え方も，老後をみてもらうために子どもを育てるという感覚も，現在の親世代では薄れていよう。人生の楽しみは，子どもを育て，家族とともにあることにおいてのみ見いだせるだろうか。いや，それ以外のことにも，いくらでも見いだせる時代である。子どもがいることが女性やそして男性にとっても，足かせとなり，自己実現を阻むものとさえ受けとめられる現実もある。人はどこかで子どもを育てるということの意味を見いだせない苦しみに直面しているのかもしれない。

　自分が育てられた過去の瞬間に，親はただ夢中で子育てをしていたのだと自分の物語をとらえ直してみよう。頼りなげなはかない命であった自分を，夢中になって親は育ててくれていたという物語を一人ひとりが得られること。そのことを，人は，自分が子どもとして育てられたことの意味として発見し，生きることの原点とすることができるのではないか。それはつまり，「私は親によって懸命に育てられた人間なのだ」という物語を得ることであり，それはまた，「私は親から愛された人間なのだ」ともいいかえられる。

　そして親となった自分も，その瞬間を夢中ではかない命に向きあってきたという記憶をもつ。私は，見返りを求める以前のもはや本能的な愛をその瞬間に子どもに与えようとしてきた人間だったという自分の物語。しかしその物語はわが子によっても意味づけられる。自分の子育てが子どもにとってどんな意味をもってきたのか。それは親の自己満足にすぎない押しつけの愛ではなく，「私はこのお母さんに育てられてよかった」「私はお父さんの子どもでよかった」という思いをわが子が感じること，あるいはそういう思いに行き当たり，それが子どもを支えるひとつの物語，つまり「私は生まれてきてよかった」という思いに結ばれていくならば，親はそこにささやかな喜びを感じることができる

だろう。そしてその親の喜びは同時に,「あなたという子どもと出会えてよかった」「あなたがわが子でよかった」という意味をもつものであり,それが子を育てた親を支える物語となるのである。親子のかかわりは,たとえそれが傷つき,傷つけられる関係であったとしても,互いが許し,傷を癒し,恢復していく過程のなかで,「あなたがわが子でよかった」「あなたがわが親でよかった」ということを,互いが確認しようと手をさしのべあうものであろう。われわれが親に命を与えられ,育てられ,そして子どもを育てながら生きていくということに,そのような意味を見いだすことができるのではなかろうか。それは人生のなかのさまざまな喜びのひとつであって,一人ひとりにはふだんあまり意識されないささやかなものかもしれない。けれども,子を育て,育てられるという関係がもたらす固有な喜びのひとつとしてとらえることができるならば,それを子育ての意味のひとつとしてもいいのではないだろうか。われわれは,子育ての意味をとらえ直さなければならない時代を生きているのである。

3 非行にみる関係性の病理

1──非行臨床

わが国では,少年事件は少年法に基づいて,まず家庭裁判所で司法判断がなされ,それに従って保護観察所や少年院が少年たちの更生・改善に携わる仕組みになっている。保護観察になると,保護観察官や保護司によって,社会内での指導監督,補導援護が行われる。少年院では,法務教官によって,生活指導,職業補導,情操教育,贖罪教育など,矯正教育の取り組みが行われている。また,こうした観察や教育の場面で,さまざまな心理療法的なかかわりも試みられており,非行少年の社会復帰過程を援助する心理臨床的諸活動全般を表すために,「非行臨床」という言葉が使われるようになっている(井上,1980)。

しかし,心理療法の適用という点では,非行は最も難しい問題のひとつといえる。まず,社会・経済的な要因,地域や家庭など環境面の問題を抱える場合が多く,こうした外的環境へのはたらきかけの必要性が,非行の処遇には常につきまとう。また,非行という問題の性質からして,社会内で治療関係を維持することが非常に難しい。法的な措置が講じられれば,社会内の治療機関は治

療の継続が不可能になるし，公的な機関は，法的な強制力をもつが，法的手続きにともなってさまざまな制約が生じる（藤川・川畑，1992）。そして何より，問題を行動に表す非行少年たちは，簡単には内面からのアプローチを受け入れてくれない。

このような難しさを抱えてはいるが，少年たちの真の更生・改善を考えるならば，内面からのアプローチは不可欠である。カウンセリングは，少年一人ひとりとの，個別の話し合いを積み上げていくもので，内面的にアプローチする手法としては代表的なものである。ここでは，とくに第2章第2節でふれた，関係性の病理という理解を前提にしながら，対人関係論的な視点から，非行少年のカウンセリングについて検討する。

2──対人関係論的カウンセリングの基本原則

サリバンの提唱した対人関係論は，フロム（Fromm, E.），トンプソン（Thompson, C.），フロム-ライヒマン（Fromm-Reichman, F.）といった人々の考え方と合流しながら，対人関係精神分析（interpersonal psychoanalysis）という精神分析の一流派として現代に引き継がれている。カウンセリングは，非専門家によるものも含む対話的な相談面接全般をさすが，対人関係論的な視点は，カウンセリングの効用と理解枠を広げるのに役立つと思われる。そこでまず，対人関係論の原則のいくつかを紹介し，そのうえで，非行少年に対する施設内でのカウンセリングについて考えてみたい。

(a) 人間同一種仮説（one-genus postulate）

これは単純かつ最も基本的な前提である。サリバンは統合失調症者の治療に携わるなかで，病者も治療者も，ともに同じ「人間という種」以上でも以下でもないという主張をしている。これは非行少年に対するときもまったく同じである。同じ人間として，互いの痛みを理解しようとする姿勢がなければ，カウンセリングは成り立たない。

(b) 参与観察者（participant observer）としてのカウンセラー

カウンセラーはけっして純粋かつ中立的な観察者や聞き手とは成りえない。カウンセリングを始めるということは，カウンセラーという一個の人間として，クライエントとの対人関係の場に踏み込むということであり，クライエントに

とってカウンセリングが意味をもつのは，それが重要な対人経験の1つとなるからである。

（c）詳細な質問（detailed inquiry）の有効活用

サリバンの最も重視した治療技法は，詳細に尋ねるということであった。それはクライエントが無自覚に行っていることがら，選択的非注意によって意識野から閉め出されているものを，意識野に取り戻していくための原動力となる。

（d）合意による確認（consensual validation）

詳細な質問をとおして，それまで意識されていなかったことがらが，徐々に気づかれるとき，その一つひとつはカウンセラーに語られ，カウンセラーと共有されていく。この共有化の作業の蓄積によって，あいまいにされていたり，意識から閉め出されていた体験が，自己の感覚のなかに納められるようになっていく。このことが，変化の重要なステップとなる。

（e）不安の程度（anxiety gradient）への配慮

効果的な学習が成立するには，不安は低すぎても，高すぎてもいけない。カウンセリングを有効な学びの場とするために，カウンセラーは，クライエントの不安のレベルを適度に維持する努力を払わなくてはならない。

（f）本物性（authenticity）

カウンセリングがクライエントにとっての重要な対人経験となるために，カウンセラーの態度は，偽りや見せかけであってはならない。カウンセラー自身の自己一致，自由滑脱さが求められる。

（g）エンアクトメント（enactment）

クライエントの対人関係のとり方が，具体的な行為としてカウンセリング場面で再現されることをエンアクトメントという。このエンアクトメントは，クライエントが自分のあり方を身をもって知る，学びと変容の最大のチャンスになると同時に，カウンセラーにとっては，逆転移の洞察が求められる重要な局面となる。

（h）クライエントをとりまく現在の対人関係の場（interpersonal field）への配慮

個別のカウンセリングを行う場合でも，クライエントをとりまく人的環境に十分な関心を払う。とくに，クライエントが未成年の場合，必要に応じて，家族や学校との連携，関係者間の関係調整を積極的に行う。その際，その人的環

境内部で生じている力動についても，関心を払うことが重要である。
　以上のような原則をふまえたうえで，次に矯正施設内でのカウンセリングについて検討してみたい。

3 ── 矯正施設内におけるカウンセリングの実践

　矯正施設内でのカウンセリングには，行動化の激しい少年についても面接の定期性を確保しやすいという利点がある一方，施設職員が行った場合，成績評価や身柄の確保といった職務があるため，役割の二重性を抱えなければならないという課題がある（遠山，1990）。しかし，そうした二重性はけっしてマイナスばかりとはいえず，うまく活用すれば，面接を上滑りさせず，生活場面で生じる具体的な問題を話し合いのなかに取り込んでいけるというメリットもある。こうした事情を考慮して，筆者が考える基本的な面接のセッティングのしかたを提示しておく。

　まず，面接の条件であるが，原則としてカウンセリングで語られたことが成績評価に影響することはないことを保証すべきであるが，教官の一員として話を聞くという前提は明示しておく。つまり，カウンセラーは他の職員から少年の院内での生活ぶりを知らされることがあるし，逆に重要なことがら，とくに自他に危害が加えられるといった内容や，規律違反にかかわることは報告しなければならないことを，始めるにあたって伝えておくのである。

　面接の目的は，少年自身の更生に役立てるための話し合いをすることであると伝え，ただし話す内容は，施設内の生活，家族との関係，交友関係など，どのようなことでもよしとする。面接のなかでは，少年が自発的に話すことが大切ではあるが，受動的に傾聴する構えだけでは役に立たないことが多い。こちらからの質問をうまく用いて，少年の語りをうながすと同時に，重要なポイントでは，体験の詳細を尋ねていく。そうした過程で，「なぜそのようなことをする必要があったのだろう」「どうしてそのように思ったのだろう」「なぜそのように感じたのだろう」といった疑問を投げかける。場合によっては，少年のものの見方を揺るがすような，チャレンジを積極的にしていく。

　面接の場所，時間，頻度などは，通常のカウンセリングと同じように，落ち着いた個室で，時間を決めて，最低週1回以上実施するのが望ましいが，施

設の設備，プログラム，職員の配置などによって，その通りにならないほうがふつうである。原則は頭に置きながら，臨機応変に対応しつつ，徐々に理想に近づけていく姿勢が望ましい。また，トラブルを起こしたり，親と面会するなど，重要な出来事が起こった場合，体験がさめやらぬうちに，話し合いの場を設定できるのは，施設内でのカウンセリングならではの恵まれた条件であることを自覚し，積極的に活用する。同様に，親との面会場面に立会したり，手紙のやりとりを指導したりする機会を，継続的な面接とうまく連動させることができれば，カウンセリングの効果が何倍にも増すということを付け加えておきたい。

4——面接の進行

　最後に，上述のような枠組みで行われた，カウンセリングの一場面を紹介してみたい。この事例は，少年院の教官がカウンセリングを行い，筆者がそれをスーパーヴァイズしたものである。対象は中等少年院に収容されている18歳の少年である。両親は，少年が幼いころに少年の養育を放棄し，少年は祖父母に育てられたが，早期に非行化。教護院（児童自立支援施設）や初等少年院に収容されたが非行はおさまらず，詐欺や窃盗をくり返していた。少年院のなかでも，軽はずみな態度がめだち，表情に深刻さがみられない。

　カウンセリングは，新入時の教育課程が終わった段階で導入された。面接開始時，少年は，「一応やってみます」「でも，自分が変わるかどうかわかりません」と，斜交（はすか）いな態度を示し，将来は風俗店を経営して金を儲けると豪語するなど，比較的あらわに自分の考えを吐露している。「金と女」にこだわる少年の価値観が，何を意味するのか探索することが，1つの中心テーマのように思われた。

　ここでは，開始から間もないころの，ある面接でのやりとりを紹介する。面接のはじめ，近況を尋ねるカウンセラーに，少年は最近読んだ本のことを紹介する。内容は，障害のあった女性が海外に渡り，夫から暴力を受け，風俗店で働かされるといった苦境を生き抜いていくストーリーであるという。少年の感想そのものは，「仕事と遊びが両立できていい」という稚拙なものであったが，「差別された」女性が，過酷な人生を生き抜き成功するという内容は，この少

年自身の置かれた境遇と、その挽回のための「金と女」というテーマを、すでに暗示している点が興味深い。

話は、自然と少年の将来の仕事のことに移り、なぜ風俗なのかという話になる。「金と女が両方手に入るからです」とこたえる少年に、教官はなぜそこまでこだわるのか尋ねる。

> 少年：小さいころに、おじいちゃんの金庫から100万円盗ったときからです。それまでも、ちょくちょく財布から盗んでいたんですけど。（中略）
> 教官：100万円手にしたときはどう思ったの？
> 少年：お金があったら、ほしいものが何でも手に入る。何でもできると思いました。ほしいもの、買いまくったんです。

ここで、2章で触れた、サリバンの不安を回避する安全保障作戦、あるいはコフートの自己の傷つきを回復するための行動ということを思い出してほしい。この時の教官の質問は、お金を手にすることで自己愛が高められた、当時のようすを想起させることに成功している。

> 少年：お金を盗ったことは、途中で見つかったんですが、ゲーム代や服代で、みんなにおごりました。
> 教官：同級生におごったの？
> 少年：いえ。僕は、同級生とは遊ばなかった。年上の先輩で、中学生とか高校生の人と遊んでました。
> 教官：先輩におごるというのは、気持ちいいんだろうね。
> 少年：はい。一番年下だけど、俺が一番上だぞ…みたいな。
> 教官：他にも年上のほうがいい理由があるの？
> 少年：何かあったら守ってもらえるっていうのがいいです。ややこしいやつに絡まれたりしたときに、自分の後ろには先輩がおるってわかったらいやな目に遭わなくてすみますから。

自己愛の回復は、たんに金を手にすることだけではなく、年上の友人におごって得意になること、さらに、そうした年上の先輩とつきあうことで、虎の威を借りることができたというのが、重要な要素であったことがわかる。そこで、次の教官の質問が重要である。

> 教官：なるほど。君にはずいぶんメリットがあるね。でも、年上の先輩らは、小学生を相手にするのかな。何かメリットがあるのだろうか。
> 少年：……ないですね。……でも、祖父の知り合いがやくざの親分で、そういうつなが

りもあったし……（この話からしばらく，上の人とのつながりをもつことが少年にとっては大事というテーマが話される。）

　教官の質問が光を当てているのは，現実的に考えてみるならば，年上の先輩が，少年のことを相手にすることには何のメリットもなく，ただあるとすれば，たかって「金」を出させることくらいだという現実である。答える際に，少年の語りが乱れているのは，その明白な現実に少し注意が向けられたことによって，不安が生じてきていることを示している。また，あわてて答えている内容が，やはり「虎の威を借りる」というテーマである点が興味深い。「金」や「虎の威」によって自己愛を維持しようとする少年のあり方は，何重にも少年の対人関係のあり方にまとわりついている。そして，その裏側に，そのようにしなければ，だれからも見向きもされないという，惨めな自己像があることを，カウンセラーは想定しなければならない。その惨めな現実に直面できるだけの強さを築くまでには相当の時間がかかる。それを成し遂げることが，カウンセリングの目標である。

4　不登校

■1──不登校状況の発見あるいは気づき─見立ての要点─

　不登校への対応について，時期を追っていきながらみていく。まず，不登校が発見されたり，気づかれたりするのはさまざまなルートによる。本人からの訴えを家族が聞くことでわかることが多いが，出席状況などから教師が気づくこともある。とくに身体的な訴えを最初の時期にすることが多く，睡眠，摂食，体調は随時気にかけることが必要である。つらさ，きつさを言葉で訴える子どももいるが，それを言葉で訴えることが難しい場合，身体で表現することが多い。穏やかではあるが（時に急激に），ストレートに体で訴えてくる。体にはこのような緩衝剤としての役割もあるのかもしれない。

　かかわり手と本人との関係性のアセスメントは，その後の対応の受け入れを決定づけるほど重要である。かかわり手（援助者）と相手とのつながり具合，本人をとりまく人たちのそれぞれどうしの関係性および本人との関係性などを慎重に見立てていく。本人からの訴え（登校の渋りなど）は，言葉にできない

ほどのつらさがあり,言葉にできていても,気持ちのすべてを表しているわけではないという視点が必要である。こちらとしては,あいまいなことをあいまいなまま,はっきりと保持しておけるかである。本人からほとんど言葉が出てこない場合,音声言語以外の文字情報（筆談やメモ,日記）に頼ることもあるが,それでも難しい場合,まわりからの気づき（頻繁な欠席,遅刻,早退など）が重要となる。その場合は,本人との接触に留意しながら,どんなささいなことであっても,それに対して,まわりは何ができるかという視点が必要である。

(a) つらさ,きつさの理解―学校と家庭および関係機関との連携―

まず,子どもたちからの言葉があるかどうかがポイントとなる。だれが話を聞けるか（親,きょうだい,祖父母,おじ,おば,教師,教育相談員,スクールカウンセラー,スクールソーシャルワーカーなど）,つらさは身体化していないかなどに留意する。もし,身体化が前面に出ている場合は医療機関との連携が重要となる。とくに小児科は初期対応の出発点として重要な位置づけをもっていると考えられる。また,精神科も,薬物療法も含めて,重要な位置づけになる。診断についても,連携の際には可能な限り説明をしてもらうことが大事である。医療的なかかわりが明確になることで,教育で何ができるか,福祉領域で何ができるか,あわせて考えていくことが可能となりやすい。

また,家庭の経済的状況が影響を与えているかなどの視点は,生活保護や各種手当てなどで福祉事務所や市町村の児童福祉課・子育て支援課などの福祉機関との連携を模索することになる。生活保護,各種子育て支援・手当て,子育て支援機関の活用などが家庭的な状況を整え,子どもたちが家庭にいる際の安定をうながすこともある。家庭内暴力等に進展している場合は,児童相談所との連携のなかで,一時保護所への入所も考えられるが,親から引き離すこと自体が,大きな心の傷つきをもたらすことがあり,慎重に対処しなければならない。また,他の問題が併発していることもあり,高齢者,障害児者などの対応における困難点などにも留意しながら,周辺からのサポートも必要に応じて進めていくことになる。いずれにせよ,継続した福祉相談は必要である。

つらさ,きつさを言葉にできない場合は,だれが何をとおしてかかわるか（絵画,ゲーム,いっしょに時間を過ごす）を検討していく。また,言葉にできる,できないにかかわらず,つらさの感情レベルについての配慮が必要であ

る。不安性感情レベル（不安感の喚起，身体症状化への配慮），抑うつ性感情レベル（落ち込み，抑うつ，朝起きられない，やる気が出ない），強迫性感情レベル（登校強迫，強迫行為），焦燥性感情レベル（何もしないことへの焦り，何かしていてもつきまとう焦燥感），その他の感情レベル（だれとも人に会いたくないなどの対人回避感情のレベルなど）などの視点が有効となる。

(b) 地域システムの見立て

活用できる社会的資源への配慮は，ケースをみていく際に重要であり，どこがどのようなときに活用できるかなど，事前にさまざまなシミュレーションをしていく。専門機関との連携，すなわち，児童相談所，福祉事務所，児童養護施設，自立支援施設，警察や家庭裁判所，病院，あるいは子ども家庭支援センターなど地域の専門機関の職員，家庭裁判所の調査官，民生委員，児童委員との連携など，それぞれの機関の専門性に応じて対応の連携が図られる。

非行をともなう事例，児童虐待をともなう事例，さまざまな精神疾患を併発している事例，多問題家族である事例など，地域の資源の活用は，事例に応じて臨機応変に行われていくことになり，事例をとおして実質的な連携は深まっていく。どのような専門機関がどのようにクライエントや利用者とかかわっているかを知ることは連携の第一歩である。そして，人的なネットワークを日頃からいかに構築しておくかが，各専門機関の協働（コラボレーション）の前提となる。

2——対応，介入の要点

(a) 変化をうながす4つの視点

さまざまなアプローチに共通する，不登校に変化をもたらす要点は4つあると筆者は考えている。

①変化の基底としてのプロセス志向（結果志向の抑制）

これは，結果を急ぎすぎず，変化のプロセスで起きてくることに対してじっくりと向きあっていくということである。向きあうことがつらいときには，あえて向きあいすぎないという工夫もある。絵画や動作など言葉を介さないでじっくり子どもたちの変化の過程に向きあっていく技法の，1つの心理治療仮説でもある。

②成長の基底としての統合志向（分離・解離志向の抑制）

　白か黒かという認知をしやすい不登校の子どもたちにとって，さまざまな自分があっていいし，それがまとまってくることで，折り合いがついてくることが必要であろう。絶対に登校というのではなく，登校できる時もあればそうでない時もある，勉強できる時もあればおもいっきり遊んでもいい，というように，さまざまな自分のありようをそのまま受けとめていく。これができるようになるためには自己信頼感が向上するとともに，統合に向けての支え手（援助者）の存在が大きい。

③限りない発展としての自己基準志向（他者基準志向の抑制）

　これまで，他者に対して気を使いすぎていた側面や，自分のかすかな感じを大事にできていなかったことによって，さまざまな関係性のなかで疲弊してしまってきたのを，もう一度自分の感じを再確認することである。このことで，自己決定感が高まり，朝起きるところから，学校に行くかどうかまで，自己決定の範囲が拡大していく。

④「重要な他者」との関係性による自己一貫性志向（自己不全感の抑制）

　①〜③の過程を経て，自分のなかでの一貫した感じがつかめ，さらに重要な他者との継続的な関係性のなかで安定した登校，あるいは居場所での自己提示ができるようになっていく。

　以上の4つの視点である。これらを事例検討の際や連携の際に念頭に置いていく。学校関係者，家族，地域の専門機関（福祉・医療・更生保護・司法・教育など）との協働の際の共通理解の視点でもある。

(b) 本人に対して

　多様な側面から見立てをすることで，子どもたちの姿の多様性をバランスよく把握することになる。発達的な見立て，関係性の見立て，自我機能の見立て，人格傾向の見立て，家族・学校・地域の見立てなどを配慮しながら統合的に見立てていく。そっとしておくことが重要であれば，どのくらいそっとしておくのか，その間にかかわる人はだれかということもあわせて検討していく。

　ホームスタディが可能であればそれは必要か（教育委員会か民間か，どのタイミングで導入するか），カウンセリングに行くか（どの相談機関がよいか），児童相談所の不登校支援事業であるメンタルフレンドを活用するのか，医療機

関を利用するのか（小児科，精神科，心療内科などのどこにするのか）などを本人や家族の気持ちに配慮しながら対応していく。

　（c）**家族に対して**

　家族システムの見立てを前提に，家族のなかのだれが最もキーパーソンか（窓口となりやすいか），家族構造はどうか，家族機能はどうかなどを検討していく。だれをどのように支えるか，家族は子どもの不登校をどうとらえているかなどを家族といっしょに検討しながら，少しずつ，家族システムへと介入していく。

　（d）**支援方法の選択（本人の居場所，支え）**

　対応を考えつつ，今考えられる最善の居場所を模索することになる。学校内の相談学級，学校内の教室以外の場所（保健室，職員室，校長室，技能技師室など），学校外の教育支援センター（適応指導教室），フリースクール，フリースペース，ホームスクール，ホームスタディなど，さまざまな場所が利用できるようになってきている。選択の幅が広がることで子どもたちのニーズに沿った支援方法が選択されていかなければならない。

　ある市では，家庭での学習の場が，教育支援センターなどに準ずる場所として位置づけられるようになった。ただ，子どもにとっての最後の砦としての家庭や子どもの部屋が，本人や家族の意思を尊重したうえで援助支援の場となることは当然のことである。また，ホームスクールなども昨今の情報化社会にあって在宅での学習機会の提供としてさらに検討されなければならないだろう。メンタルフレンドの対応も，児童相談所をとおして，必要に応じて行っていくことになる。

3──対応途中のモニタリング

　対応の途中のモニタリングは，主としてかかわっているところがどこであるにせよ重要である。

　学校については，学校内の主としてかかわっている人はだれか，チーム対応体制がとれているか，校長や不登校対策プロジェクト（生徒指導，教育相談など）はリーダーシップをとっているかなど。

　家庭では，家族内の小さな変化は起きているか，キーパーソンはだれか，本

人と家族との関係は良好か，家族全体を支えているのか，学校との関係性は良好かなどである。

本人については，生活のリズムはとれているか（食事，睡眠など），気持ちをだれかに話せているか，自己決定感は高まっているのか，安心できる居場所はあるかなどである。

地域については，かかわりをもとうとしているか，だれがかかわるのか，公民館，図書館など学校以外の社会的資源へのアクセスは可能か。

以上の点をモニタリングしながら，包括的な不登校児童生徒に対する援助支援マネジメントをしていく。

4──再登校（あるいは，居場所への参加，在宅での社会参加の選択など）に向けての留意点

これまでもみてきたが，かかわり手は，子どもにとっての幸せは何かを，常に自分に問い続けることが重要である。また，再登校が考えられるときには，具体的な解決技法（ブリーフ技法の活用）が有効となる。不登校以前や再登校のときなど，登校できたときに気づかないうちにしていたことへの気づきをとおして，本人のもつ資源を最大限活用していく。また，成功体験をイメージする，逆に失敗体験をイメージしてじょうずに失敗する工夫をするなど，対応の際に具体的な点を子どもと話題にしていくことになる。また，多様な解決の帰結として，再登校だけでなく，さまざまな援助の場や居場所を一緒に考えていく。その際，決定するのはあくまでも子どもたちであることを忘れてはならないだろう。

5──何らかのかたちでの安定化（健やかな成長への環境づくり）

再登校が開始されても，①登校安定とモニタリング（再登校の安定化にともなって，そっとしておくことの大事さ），②居場所への配慮とモニタリング（どこであっても，その子にとって最も幸せな場所でのウェルビーイング・幸福）が重要な視点となる。

専門機関の場合，終結ということがある。あるいは，継続してモニタリングしていくというスタンスそのものが終結に置き換わることもあるかもしれな

い。再登校だけが終結ではないのはいうまでもないところであろう。あらかじめ，どこに終結の目標を置くのかは，専門機関として，最初に明確に提示しておきつつ，随時，目標の修正をしていくことが現実的な対応かもしれない。

6──不登校への対応における今後の課題

これまでみてきたように多様な援助方法や視点がある一方で，発達支援的観点と，心理治療あるいは精神科治療の治療的観点の両方が重要である。とくに，関係性におけるさまざまな傷つき（いじめ，家庭での虐待など）に対しては，緊急支援的な対応とともに，時間をかけたじっくりとした対応の両方が必要である。社会的ひきこもりの事例において，多くの場合，幼少期，学齢期における傷つき体験が，癒されることなく，社会参加のたびに再燃することは，臨床家の間で考慮すべき点とされている。発達的支援を強調することで，これらへの視点を欠くことが懸念される。不登校というかたちによって発達を遂げていく子どもたちもいるが，不登校というかたちをとらざるを得ない子どもたちもいるのである。バランスのとれた対応の視座が求められる。その点で，幼少期における愛着関係への再認識と修復的愛着療法等による愛着の再構築の視点，および解離，心的外傷という概念からの不登校現象の再検討なども今後の検討課題として残されている。

5　境界性人格障害

1──はじめに

境界性人格障害（ボーダーライン）の研究は人格障害の研究の出発点となったものである。つまり，神経症で治りにくいという患者に精神分析家たちが取り組んでいるうちに，これは人格の問題であるということで境界性人格障害の概念が生み出されたものである。

たしかに人格障害といってもよいのであるが，他方で衝動性や虚無感，あるいは怒りが強いといったような症状も含まれ，必ずしも人格とだけはいえないものであり，症状をもった，いわばかつての神経症的なメカニズムもいくぶんかはもっている。したがって人格障害としてまとまったわけではなく，人格障

害といわゆる神経症的精神障害の中間にあるともいえるものである。

境界性人格障害の概念は，多方面から論じられているだけに，一見まとまっているようではあるが，よくみると何が中心的なメカニズムなのかわかりにくい状態にあり，今もってそれは十分に整理されているものではない。しかしカーンバーグ（Kernberg, 1977），マスターソン（Masterson, 1980），ガンダーソン（Gunderson, 1984），ミロン（Millon, 1996），リネハン（Linehan, 1993）らの努力によって，境界性人格障害の概念はおおよそまとまりをもちつつあり，その研究もいっそう盛んになっているのである。したがってボーダーラインへの対応の仕方もそれにつれて発展しつつある。

2──境界性人格障害の特徴

境界性人格障害への対応は精神障害のなかでは一番難しいといわれているものである。もちろん反社会性人格障害はその治療態度は頑なであり，反抗的であり，人を信頼しない，嘘がうまいという意味ではきわめて難しいものであるが，それに次いで境界性人格障害の治療は困難なものである。治療者との信頼関係が築きがたいこと，次いで感情の変動が激しく，気まぐれなため一貫した治療がなかなかできないことである。突然治療に来なかったり，ふいに現れたりというように，一貫性に欠ける。また粘り強く治療の目標を持ち続けることができないことも，大きな問題である。

すでに述べたように，怒りは愛情の表れであったり，逆に愛情が怒りの変形であったり，そのアンビバレントな関係あるいは偽装した感情に接すると，いよいよ難しい対応であることに我々は気づかされるものである。

なかでも一番対応しにくいのは，治療者を最終的にライバル視し，その力を競争しようとする人たちである。さらに進むと治療者を非難罵倒し，自分の優位性を獲得しようと競争心を前面に出してくることも，治療を困難にする。このような喧嘩腰の態度に，じっと黙っていればそれはそれで「少しはしゃべりなさいよ」というような言葉で挑戦してきたりするし，反論すれば反論したで，さらに混乱が大きくなってしまうものである。この場合，日本的にいうならば「すねている」「ひがんでいる」という言葉がちょうど当てはまるが，そのすねるレベルは，普通の人のレベルとははるかに異なり，感情が激しく，行動化も

みられるものである（町沢，2003）。

　境界性人格障害への基本的な対応の仕方を考えるとき，彼らはいかに攻撃的であろうと，いかに演技的に誘惑的であろうとも，幼児性の強い愛情を強く求めているということである。あるいは愛情というのが不適切ならば，基本的信頼を求めているといってもいいものである。したがって治療者が信頼できるかどうかの試しが，治療の関係のなかでよく表れるものである。

　彼らは，このような愛情を中心とする人間関係の耐性がきわめて弱いので，すぐに自殺をほのめかすものである。筆者のデータでは，境界性人格障害の80％は自殺未遂の経験者である（町沢，1997）。

　境界性人格障害はきわめて操作的で感情の変動が激しく，怒りが強いために，治療者自身の逆転移が生じやすいものである。そのため冷静な逆転移のコントロールが治療者自身にも要求される。また，患者の治療者への転移もきわめて激しく，ストーカーまがいの事態になったり，恋愛関係に発展してしまう治療者もよくみかけるものである。境界性人格障害の無意識的な戦略に治療者が巻き込まれているといえるものである。

　境界性人格障害は，すでに述べたように過保護から生じていることが多いので，甘えが前面に立っている人が多い。それに比し，アメリカは虐待から境界性人格障害が生じてくるので，その人間不信の強さは根強いものである。したがって日本の境界性人格障害の対応はアメリカよりもいくぶん楽だといってよい。筆者のデータでも，境界性人格障害は1年で30％が治るというデータが出ているが，アメリカの境界性人格障害は治療を維持するのに10％であって，治るのが10％というものではない（町沢，1997）。したがってアメリカと日本では，治癒率がまったく異なるといってよいものである。やはり過保護というところからくる境界性人格障害は，虐待に比べると愛情を求めている分だけ，愛情をある程度計算して与えるならば，境界性人格障害の患者は治療者についてくるものであり，そしてやがて本当の信頼というものに気づけば，治療は完成に向かっていくものでもある。

　日本の境界性人格障害の患者には，多少の愛情を与えざるを得ない。それによって患者は治療者に軽いか，あるいは強い転移をもってくるかもしれないが，それに対して治療者はほどよい転移にとどめるだけの言語的，非言語的な態度

が必要なものである。この境界性人格障害の患者と治療者のほどよい距離のとり方がとれるかどうかが，治療者の技術あるいは治療者の力量といわれるものである。

このほどよい距離に失敗すると，患者は治療者に愛情をもって接近し，そしてある程度愛情が獲得できるとなると，患者は静かに，そして深く退行してしまうことも多いのである。その退行がひどい場合も時々みられ，そうなると遠いところから淡々と患者をみる姿勢が急速に必要になることもある。なまじこの退行した幼児性に近づき，やさしさを示すとかえってひどい退行状態になってしまい，時に精神病的な状態を一時的に示すこともあるものである。

3──対応について

ベックとフリーマン（Beck & Freeman, 1990）は，うつ病の認知療法を論じるときに，絶対的二分法というものを取り上げた。たしかにこの絶対的二分法はまさに境界性人格障害の中核的な認知的あり方であり，そのメカニズムを治療者は知らなければならない。絶対的二分法とは白か黒かという極端な立場をとることで，そこには統合がない。そのため，彼らは自分自身を完全に悪か価値のないものと受け取り，灰色の中間的部分が見えないのである。治療者自身も，完全に悪か信頼できない人間としてとらえられることも多い。絶対的二分法とは，経験を連続的なものとみないで相互に排除し合う，つまり善か悪か，完全か不完全か，愛か憎しみか，という両極端になってしまう傾向を意味しているのである。彼らは治療者を完全に愛してしまうか，さもなければ愛情が得られないとなると，治療者を完全に悪とみなすというように，両極端に位置するように治療者をみなしてしまうことも多い。

境界性人格障害の衝動性はきわめて強いものであり，それは治療の初期であれ，いつでも起こるものである。もちろん治療がうまくいって峠を越えた時点では，その衝動性の対応は困難ではないが，多かれ少なかれ境界性人格障害の治療の初期から中期までは，この衝動性に悩まされるものである。その衝動性をコントロールすることを，まずは学ばなければならない。衝動性をコントロールすることが，いかに本人の利益になるかということを患者に説明しなければならない。

ガンダーソン（Waldinger & Gunderson, 1987）は，境界性人格障害の患者にあたる治療者の性格特性をあげている。攻撃に対して平気であること，分離体験に敏感であること，冒険心をもっていること，概念的な方向づけができることなどである。ガンダーソン自身の治療方法は「表現的とか洞察的というより，探索的という言葉が好きである」と述べている。つまり特定の治療方法で進むというよりも，臨機応変に先の見通しをもちながら患者に対応していく，いわば現象学的な対応が望ましいと考えているようである。したがってガンダーソンの治療方法は探索的精神療法とよばれている。

　他方で，カーンバーグは表現的精神療法と名づけているが，それは治療の初期から患者の否定的な感情を分析し，それを通り抜けなければ本来の治療に入れないと考えるのである。それによってカーンバーグがいうところの分裂機制（splitting）の統合が可能と考えるのである。

　マスターソン（1980）は，再構築精神療法ということを主張している。境界性人格障害は2，3歳のころの分離－個体化の段階に母親との関係が挫折しており，そこに固着していると考えているので，彼らが人格を再構築するためには，この分離－個体化のレベルに戻り，そこで見捨てられ感の克服をめざすものと考えているのである。彼もまた，治療初期の段階では支持的療法の役割が重要であることを認めている。

　マスターソンは境界性人格障害を発達停止と考えている。したがって分離－個体化の時期に発達が停止しており，そのために情緒面，思考面の成長が止まっていると考えているのである。したがって精神療法的なアプローチは，発達停止を克服して正常な情緒的成長を取り戻すことにある。

　マスターソンは，もう1つの概念である見捨てられ感の存在が境界性人格障害によくみられることを主張しているが，これは筆者も同意するものである。見捨てられ感というのは，愛情が強いこと，その愛情が去っていく時に激しい怒りや悲しみ，絶望感に明け暮れるということ，これが見捨てられ感と考えるものである。2，3歳の時に，境界性人格障害は母親からこの見捨てられ感の感情を経験することになり，そのために退行が起こっていると考えるのである。この見捨てられ抑うつを解消することが，マスターソンの治療の中心となる。

　境界性人格障害の子どもは，この見捨てられ抑うつが強いために，かえって

母親へのしがみつきが強いことになる。たしかに境界性人格障害の人たちのしがみつきはきわめて強く，治療者にも母親類似のしがみつきをよく見せるものである。マスターソンによると，子どもが個体化の過程を進むと，その過程を母親は邪魔し，もし母親から離れるならば，母親は子どもへの愛情を引きあげるという関係になり，その結果子どもが見捨てられ抑うつに陥ってしまうというのである。

この見捨てられ感というのは，マスターソンの考えでは2，3歳ごろ生じた感情ということになるが，筆者の治療経験からいうならば，2，3歳とは言わず，10歳でも20歳でもその時点で依存する対象が，今述べた母親のように，あるいは母親類似の人たちから自立の動きを示し，母親や対象者から離れようとすると，その母親や対象者はかえって子どもを引きつけようとすることになり，あえて自立しようとするならば見捨てる，というかたちを取るのである。これは何も2，3歳に限らないことは，多くの境界性人格障害の治療者は知っていることである。自立と依存，このテーマは境界性人格障害にいつもみられるテーマである。

4──治療者のパーソナリティ

境界性人格障害の治療においては，治療者のパーソナリティがいかなるものかということは，きわめて重要なものである。すべての治療において重要なのであるが，とくに境界性人格障害の治療においては，治療者のパーソナリティが決定的な意味をもつものである。

ガンダーソンも次のように述べている。

> カーンバーグやマスターソン，ブイエ（Buie, D. H.）やアドラー（Adler, G.）のような著者の論文を読めば，彼らの理論と個人的なスタイルの間には，驚くべき一致があることに気づくはずである。カーンバーグのトーンは直面的で，スタイルは知的かつ鋭利であり，個人的にも患者の敵意や妄想的投影といった挑戦に面と向おうとするようすをうかがうことができる。彼が陰性転移と葛藤に焦点を当てようとするその主張は，彼が書いている治療にいかんなく表れている。
> 一方マスターソンのトーンは親のようであり，その技法には，患者を指導しようとするところがある。彼は自分の治療の一部を，患者のためによりよい養育経験を作り出し，患者が新しい健康な取り入れを形成できる基礎となるようなかかわりやモデルを与えてやることだとみる。(Gunderson, 1984)

このようにガンダーソンが治療者の微妙な人格と，その成り立ち，交流の側面にまで注目していることは，彼が治療の実際をよく把握していることを示している。

5──リネハンの対応

　昨今，リネハンは境界性人格障害の治療で注目を浴びているが，自分の治療方法を弁証法的認知行動療法と述べている（Linehan, 1993）。これはDBT（Dialectic Cognitive Behavior Therapy）といわれているものである。弁証法的という言葉は，境界性人格障害の人たちは両極端の二分法的な考えをもっていることが多く，それを統合することができないことが境界性人格障害の中心だと考えているのである。このような考えで，リネハンは境界性人格障害に対して治療のプロセスと対人関係や患者と治療者との共同作業的な関係を作り上げ，そして肯定的に維持していくことを強調している。つまり弁証法的心理療法とは，患者の対人関係の解決をめざして，患者と治療者との共同的関係をつくり，そして肯定的な関係を維持することに強調が置かれている。リネハンの治療の中心は，境界性人格障害の情緒的な調節，対人関係を友好的なものに変容させることに向けられているものである。

　リネハンは，境界性人格障害の幼児期は，その家庭を中心とした周辺環境によって自分の生き方が無効にされるようなところで生きてきたとしている。そのために個人的な体験を人に伝えたりすることが，かえって感情の混乱や不適切で極端な反応を引き起こす。それが境界性人格障害の二分法的な考え方や感情をつくっていってしまうと考えている。

　リネハンの理論と実践の大きな特徴は，日本の禅の考えと西洋哲学の弁証法の考えの2つを統合しているところにある。リネハンの禅の考えとは，価値ある有益な教えを伝え，それよって受容力を高め，かつ教えることである。禅はこのような受容を進めるために特別な方法をもっていると考えている。この1つの方法は，現在というものに注意を向け，何らかの価値判断で決めることなく，現実を受容するように向かわせるものである。そして苦痛を引き起こすような愛着から去り，中間の道を見つけることである。禅の特徴は，すべての人間は固有の知識と真理に対する理解力をもっていると仮定し，それは賢明な

心とよばれるものである。西洋での弁証法をも取り入れているが，これは相反する要素の統合のプロセスである。テーゼとアンチテーゼの統合とよばれるものである。

境界性人格障害の人たちは，彼らの思考や行動のなかにその弁証法的なプロセスが欠けている。したがって極端に分極した信念や行動をもっている。このような境界性人格障害の患者に，よりバランスのとれた統合的で弁証法的な思考パターンや行動を見いだすストラテジーが重要である。

また，弁証法的な哲学では，現実とは全体として把握されるものと考えており，また現実は絶えず変化し，いろいろなものと交わって流れていくと考える。禅にあっては人間のパラドックスを説明しようとはしない。したがって，これかあれかというのではなく「これとあれ」の両方に注意を向ける。つまりこれは「禅の公案」とよばれるものである。

リネハンはソクラテス流の弁証法と日本の禅とを組み合わせた考え方を統合しているものであるが，要は両極端の考えに陥るのではなく，その中間をとる考え方，あるいはテーゼとアンチテーゼの統合をめざすということになるのである。

6 ── おわりに

境界性人格障害はこのように愛と憎悪，依存と自立，極端な考えに走ってしまうこと，さらに衝動性といったような問題にどう対応するかが重要なものである。それにはガンダーソンが言ったように，治療者があまり驚かないで，淡々と見ていられる余裕と勇気が必要なものである。治療者が慌てれば，患者もまたいっそう慌ててしまい，怒りが強くなったり，キレてしまったりするものである。それを抑えるために，治療者自身がいつも安定した自分を患者に提示しなければいけないのである。そういう意味で，境界性人格障害の治療者はかなりのトレーニングと訓練を経なければならないものと考える。

怒りに対しても，いかにも脅えてしまっては，これは治療にはならない。しかし本当に危険な時には逃げなければならないのであるが，それでも怒りに対しては淡々と相手の目を見て話せる力，愛情で依存を強く求めてくる患者には，一見受けているようで，言葉やジェスチャーや少しずつ間を置く技術，そうい

ったデリケートな技術もマスターしなければならないものである。

このように考えると，境界性人格障害の治療ができるということは，治療者としてはきわめてすぐれた資質をもっていなければならないものであり，境界性人格障害の対応はそれだけにきわめて困難をきわめるものであることがわかる。

Column 10 援助交際―青少年の加害と被害―

　日本性教育協会の調査（2001）によって，高校3年生の性体験率が3人に1人と報告されてからすでに3年が経過している。この調査は1974年から行われており，青少年の性交経験率は一貫して増え続けているが，とくに1990年代に入ってからの増加が著しい。さらに，経験率が増加しているだけでなく，性体験の低年齢化や，避妊にあまり注意を払わなかったり，複数の交際相手との経験であったりといった，いわゆるリスクの高い行動が青少年の間で増加していることも無視できない事実である。

　青少年のこのような性行動の背景にはメディアによる性情報の伝達のほか，携帯電話やインターネットの普及により不特定多数の相手と匿名で直接連絡をとることが容易になったことがあげられている。前述の調査においても，携帯やバイクの所有，アルバイト経験などと性体験率の関連が指摘されていた。また，性的に活発な中学生・高校生が増加しているだけでなく，性犯罪にかかわる青少年の数も増加しており，被害・加害の双方に青少年がかかわるケースが増加している。小学校6年生が監禁されたり，中学生が殺害されたりといった，携帯やインターネットが媒介となって児童が性犯罪を含む犯罪の被害者となる事件は後を絶たない。

　2003年6月には，いわゆる出会い系サイトを通じての犯罪から児童を守ることをねらって，「インターネット異性紹介事業を利用して児童を誘引する行為の規制等に関する法律（出会い系サイト規制法）」が成立し，9月より施行された。この法律では大人だけでなく児童も処罰の対象となり，2004年2月にも，中学3年生の女子生徒が，出会い系サイトで援助交際の相手を求め，さらに男性から5万円をだまし取った疑いで，家庭裁判所に送致されたことは記憶に新しい。

　援助交際は犯罪である。しかし，女子高校生や中学生が考える援助交際の意味はさまざまである。たとえば，1998年に首都圏の女子高校生600名を対象として財団法人女性のためのアジア平和国民基金が行った調査においても，女子高校生たちは金品と引き換えに「お茶やデート」をすることも，「性交以外の性行為」をすることも援助交際と考えていた。さらに，同じ調査において，男女平等意識が低い女子高校生ほど援助交際に対する抵抗感が低いことなどが報告されている。

　「援助交際」という言葉のもとで具体的にどのような行為がなされるかにかかわらず，そのいずれもが女性を「商品」として扱い，買う側（男性）と買われる側（女性）との間の力関係が前提になっていることは共通である。したがって，平等主義的な性役割態度を育んでいくことこそが長期的な視点からのこの問題の予防策といえよう。

Column ⑪ パラサイト・シングルを作り出す親

　アメリカの社会心理学者ランドルフ・ネッセ (Nesse, R.) は，「つらさ」の免疫理論を提唱している。大人になって社会に出ると，苦労やつらいことが待っている。子どものうちに，小さな苦労を積み重ねたり，つらさを経験しておくと，それが「免疫」となって，大人になってからの大きな苦労に耐える力となるというのである（『Social Reseruch』1999summer所収）。また，日本の心理療法の大家，霜山徳爾は，ユングの次の言葉を引いている。「心理療法の目的は，患者をあり得ない幸せな状態にすることではなく，彼に苦悩に耐えさせる強さを可能にさせることである」（霜山，1989）。

　日本の青少年は，つらさに対する「免疫」を失っているのではないか。その原因は，親の態度にあるのではないか。そして，その親の態度を学校や社会全体が後押ししているのではないかと思ってしまう。

　数年前，ある知り合いの短大の先生から聞いた話であるが，「講義内容が難しくてわからないのでなんとかしてほしい」という電話がかかってきたという。それは，学生本人からではなく，母親からだったという。また，別の大学の先生が，母親が履修票を出しに来たと嘆いていた。本人がひきこもり気味で，母親が大学に来て，単位何とかなりませんかと頼んで歩いているそうだ。

　筆者は，親に寄生する独身者の社会学的研究を主に行ってきた（山田，1999参照）。そのなかで，親にインタビューをしたが，「私は子どもにイヤな思いをさせませんでした」とか「子どもがやりたいと言うことをなんでもさせてきた」という回答がめだったのである。つまり，日本社会では，子どもに苦労をさせないことが親の愛情と信じて疑わない。成人しても，「一人暮らしさせるのはかわいそう」「お金で苦労させるのはかわいそう」といって，何くれと息子や娘の世話をし，自分の収入すべて小遣いとして使うことを容認する親が出てくるのだ。

　そして，それが学校にも伝染する。小・中学校の先生に聞いても，「子どもにこんなことさせるなんて」とか「子どもを傷つけることを言うな」と怒鳴り込んでくる親がふえているそうだ。偏差値で序列をつけるのはかわいそう，運動会の競争でビリの子がかわいそうといって一等賞をなくす学校も出てくる。

　つらさや苦労をほとんど体験せずに，いきなり社会に出れば，傷ついて実社会が嫌になる青少年が大量に出てきてもおかしくない。定職がつらいと言ってはフリーターとなり，人間関係で傷ついたと言ってはひきこもる。そのような子を親は心配し，世話し続けるのだ。庇護する親が弱ったり，亡くなった時，彼らはどうなるのだろうか。

Column ⑫
成田離婚・熟年離婚

　結婚後まもない時期の離婚を俗に，「成田離婚」（新婚旅行から成田空港に帰国したとたんに離婚してしまうという意）という。一方，長年連れ添った中高年の夫婦の離婚を「熟年離婚」という。図は，わが国の同居期間別離婚件数の推移を示したものである。この

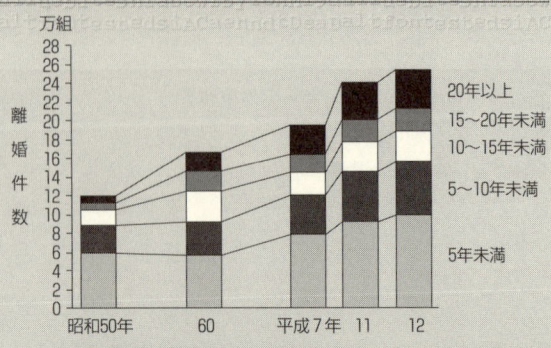

図　同居期間別離婚件数の年次推移（『平成12年人口動態統計月報』厚生労働省大臣官房統計情報部）

ように，わが国においては，離婚件数そのものの増加のみならず，結婚後5年未満，および婚姻期間が20年以上の熟年の離婚のいずれも，増加傾向にある。とくに最近では，熟年離婚の増加率が高いことが大きな特徴である。
　夫婦関係にも，個人と同様，ライフステージに応じた発達的な特徴や課題，危機がある。新婚期の心理的課題は，夫婦双方がそれぞれの出生家族から物理的，心理的に分離し，性関係を通じて夫婦間の親密性を深め，夫婦のシステムを作り上げることである。この時期に顕在化しやすい夫婦間の危機としては，家庭役割への不適応，性的不適応など，自立と依存，権利と義務の葛藤が特徴的である。新婚期の離婚は，このような夫婦の親密性や夫婦システムの構築の失敗によるものが多い。
　一方，中年期もまた，子どもの自立（への試み）による家族構造の変化にともなって，夫婦関係そのものの見直しが求められる時であり，危機をはらんだ時期である。子育てに追われていた時期の夫婦は，互いにその父親/母親役割によって結び付き，安定していた側面が強かったが，子どもの自立期を迎えた夫婦においては，精神的交流そのものが求められてくるといってもよい。つまり，他の者では代替できない関係，夫（妻）にとって自分はいったい何だったのかという，夫婦関係の再確認の欲求が高まってくる。結婚当初から，心理的にかけがえのないパートナーとしての夫婦の親密な関係性を育ててこなかった夫婦は，子育てが一段落した中年期にいたって，夫婦共通の目標を失うことになる。中高年期の離婚は，このような知らぬ間に広がっていた夫婦のギャップの現れにほかならない。

Column ⑬ 老親の介護・看取りをめぐる親子関係の変化

　中高年期の人々にとって，親は老化が進み，介護の必要に迫られたり，死に遭遇することも少なくない。それまで老親とは別居していた人々も，介護のために親との同居に踏みきる人もある。いずれにしてもこの時期には，いったん自立して分離した親との関係に大きな変化がみられる。老親と中年の子どもとの親子関係は，子どもの世代が親の世代を保護しケアするという，それ以前とはまったく異なる特質を有している。また，時とともに成長する姿が見られる子育てとは異なり，老親の介護の帰結は死による別れである。また，高齢者介護に対して社会的援助の乏しいわが国では，老親の介護は家族に大きな心身の負担を強いているのが現状である。このように，この時期の親子関係は，さまざまな重大な問題を包含しており，老親虐待というきわめて深刻でネガティブな親子関係を呈する場合も少なくない。

　老親の介護・看取りという親子関係の新たな局面を乗り切るためには，親の老いと死への対応が，きわめて重要な心理的課題である。家族が老親の介護をとおして，老いと死を受容していくプロセスについては，図のような心の変容過程が見いだされている。また，老親の人生を肯定し，介護に対しても肯定的な態度を有していることが，介護者自身の成長感の獲得をうながすことが示唆されている（岡本，1997）。

　一方，老親の介護や看取りのなかで，老いと死の受容という課題が未達成のまま残され，遺された家族に心のしこりを与える場合もある。国谷（1989）は，老親の看取りにかかわる重要な問題として，①死にゆく者への哀悼の感情表現，②死にゆく者への未解決の要求の処理，③死にゆく者の果たしていた役割の引き継ぎ，④死にゆく者の遺産（または負債）の配分，⑤肉体の有限性と死という現実の受容をあげている。中高年期に，老親を介護し，上記のような十分な看取りと哀悼のプロセスを経て，老親をあの世に見送ることは，遺された子どもの側にとって意味ある発達をもたらす。これが，自分自身の老いを迎える心の準備となるのである。

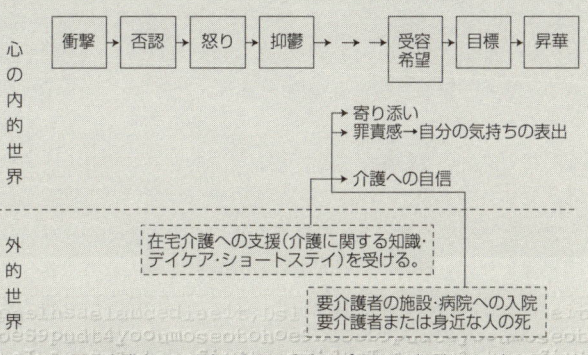

図　介護者による老いと死の変容のプロセス（岡本，1997）

Column ⑭ インターネット上の自分探し

　宮部みゆき氏の作品に，『R.P.G.』（2001）という小説がある。ネット上の疑似家族の「父親」である男性が刺殺され，疑似家族の「母親」「娘」「息子」とおぼしき人物に対して，たくみな筋書きのもと，刑事による取り調べが行われる。その過程で犯人が徐々に追い詰められていく，というストーリーである。この疑似家族への取り調べのなかで，「娘」役のカズミが自身のハンドルネームの由来について以下のように語っている。
　「あたし，小さいころ（近所の）和美ちゃんになりたかったのね。すごく良い子だったの。優しくて可愛くて，でもハキハキしてて，みんなに好かれてて。」
　さらに彼女はこう語る。
　「あたしたち，みんな寂しいの。現実の生活のなかじゃ，どうやっても本当の自分をわかってもらうことができなくて，自分でも本当の自分がどこにいるかわかんなくなっちゃって，孤独なのよ。」
　これらの語りは，ネット上でコミュニケーションを行う青少年の心性をうまく表していると思われる。日常生活では出会うことのないような人々と出会い，お互いに顔も名前もわからない状態でやりとりが行われ，人間関係が構築・維持されるのがネット上のコミュニケーションの特徴であるといわれている。匿名性が保証された空間のなかで，適度な距離感を保ちながら，心地よいコミュニケーションを楽しむことができるのと同時に，都合が悪ければいつでも関係を断つことができる。傷つくことを恐れ，他者と距離を取りつつも，内心ではつながりを求める現代の青少年の心性と，このようなネット上のコミュニケーションの特質は非常にフィットしているといえよう。そういったネットの世界で，青年たちは時に「理想の自分」を呈示しながら，「本当の自分」を探しているようにもみえる。カズミの語りからも，「理想の自分になりたい」「本当の自分を理解してほしい」という2つの気持ちがあることがうかがわれる。また，筆者の調査（田中，2001）からは，ネット上の関係性のなかで「本当の自分」を表現することが，日常生活において生きづらさを感じている人々に解放感をもたらすという結果が得られており，ネット上のコミュニケーションの可能性が示唆されている。
　宮部氏が描いたネット上の疑似家族。カズミがそこに求めたものは，実際の家族には受け入れてもらえない「本当の自分」を受け入れてくれる場所だったのかもしれない。もちろん，これは小説の中だけではなく，現実にも起こりうる。日々行われるネット上のコミュニケーションのなかには，現代の青少年の心性を読み解くさまざまな手がかりが隠されているのである。

付章

関係性の病理をもつ青少年を理解するための
文献・資料集

付　章■関係性の病理をもつ青少年を理解するための文献・資料集

　本章では，関係性の病理をもつ青少年を理解する上で役に立つと考えられる著書や資料の中から，比較的，新しく読みやすいものを選び，以下に掲載した。本書を補充するものとして，ご活用いただければ幸いである。

(執筆者のアルファベット順)

アーシュラ・K・ル゠グウィン(著)／清水真砂子(訳)　1976　影との戦い―ゲド戦記Ⅰ　岩波書店

Coleman, J. C., & Hendry, L. B. 1999 The nature of adolescence(3rd ed.). London: Routledge.　白井利明・他(訳)　2003　青年期の本質　ミネルヴァ書房

大坊郁夫・奥田秀宇(編)　1996　対人行動学研究シリーズ3　親密な対人関係の科学　誠信書房

エブラヒム・アマナット，ジーン・ベック(著)／伊藤直文ほか(訳)　2001　十代の心理臨床実践ガイド―揺らぐ十代と向き合うために　ドメス出版

遠藤由美　2000　青年の心理　サイエンス社

伊藤美奈子　2000　思春期の心さがしと学びの現場　北樹出版

伊藤隆二・橋口英俊・春日　喬(編)　1994　人間の発達と臨床心理学4　思春期・青年期の臨床心理学　駿河台出版社

春日耕夫　1997　「よい子」という病　岩波書店

笠原　嘉・清水将之・伊藤克彦(編)　1976　青年の精神病理　弘文堂

加藤隆勝　1987　青年期の意識構造　誠信書房

加藤隆勝・高木秀明(編)　1997　青年心理学概論　誠信書房

河合隼雄　1994　青春の夢と遊び　岩波書店

河合隼雄　1996　大人になることのむずかしさ―青年期の問題　岩波書店

河合隼雄　1997　子どもと悪　岩波書店

河合隼雄・藤原勝紀(責任編集)　1998　心理臨床の実際3　学生相談と心理臨床　金子書房

桐田克利　1993　苦悩の社会学　世界思想社

小谷　敏(編)　1993　若者論を読む　世界思想社

久世敏雄(編)　1996　青年心理学　放送大学教材　放送大学教育振興会

久世敏雄・加藤隆勝・五味義夫・江見佳俊・鈴木康平・斎藤耕二　1980　青年心理学入門　有斐閣新書

久世敏雄・齋藤耕二(監修)　2000　青年心理学事典　福村出版

町沢静夫　1992　成熟できない若者たち　講談社

松井　豊　1993　恋ごころの科学　サイエンス社

松井　豊(編)　1998　恋愛の心理　(現代のエスプリNO.368)　至文堂

諸富祥彦　2001　孤独であるためのレッスン　日本放送出版協会
中里至正・松井　洋(編著)　1997　異質な日本の若者たち―世界の中高生の思いやり意識　ブレーン出版
NHK放送文化研究所(編)　2003　中学生・高校生の生活と意識調査　NHK出版
NHK「14歳・心の風景」プロジェクト(編)　1998　14歳・心の風景　日本放送出版協会
西平直喜　1981　幼い日々にきいた心の詩―伝記にみる人間形成物語(1)，子どもが世界に出会う日―伝記にみる人間形成物語(2)　有斐閣選書
西平直喜　1990　シリーズ人間の発達4　成人になること―生育史心理学から　東京大学出版会
西平直喜・久世敏雄(編)　1988　青年心理学ハンドブック　福村出版
西平直喜・吉川成司(編著)　2000　自分さがしの青年心理学　北大路書房
落合良行(編)　1996　中学＜一年生／二年生／三年生＞の心理　全3巻　大日本図書
落合良行　1999　孤独な心　サイエンス社
落合良行・伊藤裕子・齊藤誠一　1993　ベーシック現代心理学4　青年の心理学　有斐閣
落合良行・楠見　孝(責任編集)　1995　講座生涯発達心理学4　自己への問い直し―青年期　金子書房
奥田秀宇　1997　セレクション社会心理学―17人をひきつける心　対人魅力の社会心理学　サイエンス社
斎藤誠一(編)　1996　人間関係の発達心理学4　青年期の人間関係　培風館
斎藤耕二・加藤隆勝(編)　1981　高校生の心理―受験体制のなかの青春を生きる　有斐閣選書
酒井　朗・伊藤茂樹・千葉勝吾　2004　電子メディアのある「日常」ケータイ・ネット・ゲームと生徒指導　学事出版
佐藤有耕(編)　1999　高校生の心理―①　大日本図書
清水将之　1996　思春期のこころ　日本放送出版協会
白井利明　2003　大人へのなりかた　新日本出版社
菅佐和子　1988　思春期女性の心理療法　創元社
高田利武・丹野義彦・渡辺孝憲　1987　自己形成の心理学―青年期のアイデンティティとその障害　川島書店
高木秀明(編)　1999　高校生の心理―②　大日本図書
鑪　幹八郎　1990　アイデンティティの心理学　講談社
氏原　寛・東山弘子・岡田康伸(編)　1990　現代青年心理学―男の立場と女の状況　培風館
牛島定信　1988　思春期の対象関係論　金剛出版
山田和夫　1983　成熟拒否―おとなになれない青年たち　新曜社

付　章■関係性の病理をもつ青少年を理解するための文献・資料集

[雑誌の特集等]
全国学生相談研究会議（編）　1991　現代のエスプリ293　キャンパス・カウンセリング　至文堂
全国学生相談研究会議（編）　1992　現代のエスプリ294　現代学生へのアプローチ　至文堂
全国学生相談研究会議（編）　1992　現代のエスプリ295　発達カウンセリング　至文堂
全国学生相談研究会議（編）　1992　現代のエスプリ296　キャンパスでの心理臨床　至文堂

＊本文献・資料集の作成にあたっては，杉村和美氏，林　智一氏，佐藤有耕氏，小澤理恵子氏，松井　豊氏，木村文香氏の協力を得た。

引 用 文 献

■第1章

Bacal, H. A. 1998 Introduction: Relational self psychology. *Progress in Self Psychology*, **14**, 107-123.

Chapman, A. H., & Chapman, M. C. M. S. 1980 *Harry Stack Sullivan's concepts of personality development and psychiatric illness.* New York: Brunner/Mazel. 山中康裕（監修） 武野俊弥・皆藤　章（訳）　1994　サリヴァン入門―その人格発達理論と疾病論―　岩崎学術出版社

Coleman, J. C., & Hendry, L. B. 1999 *The nature of adolescence, 3rd ed.* London: Routledge. 白井利明・他（訳）　2003　青年期の本質　ミネルヴァ書房

Erikson, E. H. 1959 Identity and the life cycle. (Psychological issuesVol. 1, No.1, Monograph 1.) New York: International Universities Press. 小此木啓吾（編訳）　1973　自我同一性―アイデンティティとライフサイクル―　誠信書房

Erikson, E. H. 1963 *Childhood and society, 2nd ed.* New York: W. W. Norton. 仁科弥生（訳）　1977　幼児期と社会1　みすず書房

Erikson, E. H. 1968 *Identity: Youth and crisis.* New York: W. W. Norton. 岩瀬庸理（訳）　1973　アイデンティティ―青年と危機―　金沢文庫

Erikson, E. H. 1982 *The life cycle completed: A review.* New York: W. W. Norton. 村瀬孝雄・近藤邦夫（訳）　1989　ライフサイクル，その完結　みすず書房

Freud, S. 1914 Zur Fintühung des Narzissmus. Fb. *Psychoan*, **6**, 1-24. 懸田克躬・吉村博次（訳）　1969　フロイト著作集第5巻　ナルシシズム入門　人文書院　Pp.109-132.

Friedman, L. J. 1999 *Identity's Architect: A Biography of Erik H. Erikson.* やまだようこ・西平　直（監訳）　2003　エリクソンの人生―アイデンティティの探求者―　上巻　新曜社

木村　敏　1988　あいだ　弘文堂

木村　敏　1990　分裂病と他者　弘文堂

Kohut, H. 1965 Forms and transformation of narcissism. In P. H. Ornstein(Ed.), *The search of the self, vol.1.* Madison, CT: International Universities Press. Pp.427-460. 伊藤　洸（監訳）　1987　コフート入門―自己の探求―　岩崎学術出版社　Pp.136-169.

Kohut, H. 1971 *The analysis of the self.* New York: International Universities Press, 水野信義・笠原　嘉（監訳）　1994　自己の分析　みすず書房

Kohut, H. 1977 *The restoration of the self.* Madison, CT: International Universities Press. 本城秀次・笠原　嘉（監訳）　1995　自己の修復　みすず書房

Kohut, H. 1984 *How does analysis cure?* Chicago:University of Chicago Press. 本城秀次・笠原　嘉（監訳）1995　自己の治癒　みすず書房

引用文献

Kohut, H. 1996 *The Chicago Institute Lectures.* (P. Tolpin & M. Toipin(Eds.)) Hilsdale, NJ: Analytic Press.

中井久夫 1990 サリヴァン語訳考 Sullivan, H. S. 精神医学は対人関係論である みすず書房 Pp.449-459.

Stolorow, R. D., Atwood, G., & Brandchaft, B.(Eds.) 1994 *The intersubjective perspective.* Northvale, NJ: Jason Aronson.

Storr, A. 1960 *The integrity of the personality.* London: William Heineman Medical Books. 山口泰司(訳) 1982 精神療法と人間関係 理想社

鑢 幹八郎 1984 アイデンティティ理論との対話 鑢 幹八郎・山本 力・宮下一博(共編) シンポジウム青年期3 自我同一性研究の展望 ナカニシヤ出版 Pp.9-38.

鑢 幹八郎 1990 アイデンティティの心理学 講談社

内沼幸雄 1984 羞恥の構造 紀伊國屋書店

和辻哲郎 1962 人間の学としての倫理学 岩波書店

コラム①

Bowlby,J. 1973 *Attachment and loss: Vol.2 Separation.* New York: Basic Books. 黒田実郎・岡田洋子・吉田恒子(訳) 1977 母子関係の理論Ⅱ 分離不安 岩崎学術出版社

Hazan, C., & Shaver, P. 1987 Romantic love conceptualized as an attachment process. *Journal of Personality and Social Psychology*, **52**, 511-524.

Howes, C., Hamilton, C. E., & Matheson, C. C. 1994 Children's relationship with peers: Differential associations with aspects of the teacher-child relationship. *Child Development*, **65**, 253-263.

Howes, C., Hamilton, C. E., & Philipsen, L. C. 1998 Stability and continuity of child-caregiver and child-peer relationships. *Child Development*, **69**, 418-426.

LaFreniere, P. J., & Sroufe, L. A. 1985 Profiles of peer competence in the preschool: Interrelations between measures, influence of social ecology, and relation to attachment history. *Developmental Psychology*, **21**, 56-69.

Main, M., & George, C. 1985 Responses of abused and disadvantaged toddlers to distress in agemates: A study in the day care setting. *Developmental Psychology*, **21**, 407-412.

コラム②

日本子ども家庭総合研究所(編) 2003 日本子ども年鑑 KIC中央出版

総務庁青少年対策本部 1998 世界の青年との比較からみた日本の青年 第6回世界青年意識調査報告書 大蔵省印刷局

コラム③

松井 豊 1990 青年の恋愛行動の構造 心理学評論, **33**, 355-370.

松井 豊 2000 恋愛段階の再検討 日本社会心理学会第41回大会発表論文集, 92-93.

引用文献

松井　豊　2002　青少年の「性」の心理的背景　（財）日本性教育協会（編）　セクシュアリティと心理学の最前線　性科学ハンドブックvol.7, 43-53.

コラム④

総務庁青少年対策本部　1998　世界の青年との比較からみた日本の青年　第6回世界青年意識調査報告書　大蔵省印刷局

■第2章

Ackerman, N. W.　1966　*Treating the troubled familly.*　New York: Basic Books.
Bowlby, J.　1944　*Forty-four Juvenile Thieves: International Journal of Psychoanalysis*, **25**, 1-57.
Bowlby, J.　1951a　The nature of the child's tie to his mother.　*International Journal of Psychoanalysis*, **39**, 350-373.
Bowlby , J.　1951b　*Mental care and mental health.*　Geneva: World Health Organization.
榎本淳子　2003　青年期の友人関係の発達的変化―友人関係における活動・感情・欲求と適応―　風間書房
Fonagy, P. et al.　1999　Morality, disruptive behavior, borderline personality disorder, crime, and their relationship to security of attachment.　In L. Atkinson, & K. J. Zucker (Eds), *Attachment and psychopathology.*　New York: Guilford Press.
藤井恭子　2001　青年期の友人関係における山アラシ・ジレンマの分析　教育心理学研究, **49**, 146-155.
福島　章　1997　さかきばら君のカルテ　児童心理（11月号別冊）神戸小学生殺害事件　金子書房, Pp.12-17.
伊藤芳朗　2000　知らずに子どもを傷つける親たち　河出書房新社
Jenkins, R. L.　1960　The psychopathic or antisocial personality.　*Journal of Nervous and Mental Disease*, **131**, 318-334.
笠原真澄　2000　あなたに友だちがいない理由　新潮社
柏木惠子　1996　愛着ネットワークの形成・発達　柏木惠子・古澤頼雄・宮下孝広　発達心理学への招待　ミネルヴァ書房　Pp.60-66.
菊池武剋　1994　犯罪・非行の見方, とらえ方　水田恵三（編著）　犯罪・非行の社会心理学　ブレーン出版　Pp.57-80.
Kohut, H.　1977　*The restoration of the self.*　New York: International Universities Press.
町沢静夫　1997　ボーダーライン　丸善ライブラリー
町沢静夫　2003　人格障害とその治療　創元社
三島浩路　2003　親しい友人関係にみられる小学生の「いじめ」に関する研究　社会心理学研究, **19**, 41-50.
MOMO（作），YUKO（絵）　2003　わかってほしい　クレヨンハウス
MOMO・落合恵子　2004　対談　虐待で傷ついた自分が変わっていきたくて　月刊クーヨ

引用文献

　　ン　1月号
永井　撤　1994　対人恐怖の心理─対人関係の悩みの分析─　サイエンス社
長沼恭子・落合良行　1998　同性の友達とのつきあい方からみた青年期の友人関係　青年心理学研究, **10**, 35-47.
中村雅彦　2003　友だちと距離をとる子どもたちの心理　児童心理, **57**, 28-32.
西平直喜　1978　講座　アイデンティティ2　青年心理, **3**, 151-170.
落合良行・佐藤有耕　1996　青年期における友達とのつきあい方の発達的変化　教育心理学研究, **44**, 55-65.
岡田　努　2000　対人恐怖的心性　久世敏雄・齋藤耕二（監修）　青年心理学事典　p.179.　福村出版
小塩真司　2004　自己愛の青年心理学　ナカニシヤ出版
Rutter, M.　1971　Parent-child separation: Psychological effects on the children. *Journal of Child Psychology and Psychiatry*, **12**, 233-260.
斉藤　学　1996　アダルト・チルドレンと家族　学陽書房
柴橋祐子　2004　青少期の自己表明に関する研究─中学生・高校生の友人関係を対象として─　風間書房
Sullivan, H. S.　1953　*The interpersonal theory of psychiatry*. New York: Norton. 中井久夫・他（訳）　1990　精神医学は対人関係論である　みすず書房
Sullivan, H. S.　1954　*The psychiatric interview*. New York: Norton. 中井久夫・他（訳）　1986　精神医学的面接　みすず書房
詫摩武俊　1978　青年の心理　培風館
田中千穂子　1997　乳幼児心理臨床の世界　山王出版
田中千穂子　2001a　母子関係の発達　下山晴彦・丹野義彦（編）　講座臨床心理学5 発達臨床心理学　東京大学出版会　Pp.237-254.
田中千穂子　2001b　ひきこもりの家族関係　講談社
上野行良・上瀬由美子・松井　豊・福富　護　1994　青年期の交友関係における同調と心理的距離　教育心理学研究, **42**, 21-28.
渡辺久子　2000　母子臨床と世代間伝達　金剛出版
渡辺久子　2001　親－乳幼児精神療法　加藤正明・他（編）　縮刷版 精神医学事典　弘文堂　p.85.
Willock, B.　1990　From acting out to interactive play. *International Journal of Psycho-Analysis*, **71**, 321-334.
Winnicott, D. W.　1958　*Collected papers*. London: Tavistock Publication. 北山　修（監訳）　1990　児童分析から精神分析へ　岩崎学術出版社
山田和夫　1992　ふれ合い恐怖　芸文社

コラム⑦
総務庁青少年対策本部　2000　青少年と携帯電話等に関する調査研究報告書　大蔵省印刷局

■第3章

Beck, A. T., & Freeman, A.　1990　*Cognitive therapy of personality disorders.*　New York: Guilford Press.

Ehrhardt, U.　1994　*Gute Mädchen Kommen in den Himmel, böse überall hin.*　Frankfurt am Main: S. Fischer Verlag.　平野卿子（訳）　2001　誰からも好かれようとする女たち　講談社

Erikson, E. H.　1950　*Childhood & society.*　New York: W. W. Norton.　仁科弥生（訳）　1977　幼児期と社会　I　みすず書房

藤川洋子・川畑直人　1992　非行事例の連携的治療処遇の実践とその意義　心理臨床学研究，9(3)，18-31.

舩木雅哉　2002　娘が女子高生になった時読む本―女子高生の心理―　ハーベスト出版

Gunderson, J. G.　1984　*Borderline personality disorder.*　New York: Guilford Press.　松本雅彦（訳）　1988　境界パーソナリティ障害　岩崎学術出版社

服部孝子　2002　ケース1女子高生の母・優子の相談　去年は仲良しだったのに　女性サイコロジストの分析　菅佐和子（編著）　彼女がイジワルなのはなぜ？　とびら社　Pp.10-15.

井上公大　1980　非行臨床―実践のための基礎理論―　創元社

河合隼雄　1996　大人になることのむずかしさ　岩波書店

Kernberg, O. F.　1977　The structural diagnosis of borderline personality organization. In P. Hartocollis(Ed.), *Borderline personality disorders: The concept, the syndrome, the patient.* New York: International Universities Press. Pp.87-121.

岸本葉子　2000　三十過ぎたら楽しくなった！　講談社文庫

Linehan, M. M.　1993　*Cognitive-behavioral treatment of borderline personality disorder.*　New York: Guilford Press.

町沢静夫　1997　ボーダーライン　丸善

町沢静夫　2003　人格障害とその治療　創元社

Masterson, M. D.　1980　*From borderline adolescent to functioning adult: The test of time.*　New York: Mazel Publishers.　作田　勉・眞　智彦・大野　裕・前田陽子（訳）　1982　青年期境界例の精神療法　星和書店

Millon, T.　1996　*Disorders of personality DSM-IV TM and beyond.*　New York: John Wiley & Sons.

西平直喜　1981　幼い日々にきいた心の詩　有斐閣

落合良行　1989　青年期における孤独感の構造　風間書房

小沢一仁　1992　人それぞれが創る物語　山添　正（編著）　心理学からみた現代日本の子ど

引用文献

ものエコロジー　ブレーン出版　Pp.22-57.
小沢一仁　1998　親への反抗　落合良行（編著）　中学二年生の心理　大日本図書　Pp.97-133.
斉藤隆介(作)滝平二郎(絵)　1969　花さき山　岩崎書店
佐野洋子　1988　友だちは無駄である　筑摩書房
Simmons, R.　2002　*Odd girl out: The hidden culture of aggression in girls*. New York: Harcourt.　鈴木淑美（訳）　2003　女の子どうして，ややこしい！　草思社
杉浦　健　2000　2つの親和動機と対人的疎外感との関係―その発達的変化―　教育心理学研究, **48**, 352-360.
田嶌誠一　1998　暴力を伴う重篤事例との「つきあい方」　心理臨床学研究, **16**, 417-428.
遠山　敏　1990　実践・カウンセリング第4巻　矯正・保護カウンセリング　日本文化科学社
豊田瀬里乃　2004　対人関係上の信念の変化からみた友人関係の分析　平成15年度筑波大学人間学類卒業論文（未公刊）
Waldinger, R. J., & Gunderson, J. G.　1987　*Effective psychotherapy with borderline patients*. American Psychiatric.　松本雅彦・石坂好樹・金　吉晴（訳）　1993　境界パーソナリティ障害の精神療法　金剛出版

◯コラム⑩

日本性教育協会（編）　2001　「若者の性」白書　第5回青少年の性行動全国調査報告　小学館
(財)女性のためのアジア平和国民基金（編）　1998　「援助交際に対する女子高校生の意識と背景要因」　報告書

◯コラム⑪

霜山徳爾　1989　素足の心理療法　みすず書房
山田昌弘　1999　パラサイト・シングルの時代　筑摩書房

◯コラム⑬

国谷誠朗　1989　向老期の家族過程と危機　岡堂哲雄（編）　家族関係の発達と危機　同朋舎出版　Pp.197-226.
岡本祐子　1997　中年からのアイデンティティ発達の心理学　ナカニシヤ出版

◯コラム⑭

宮部みゆき　2001　R.P.G.　集英社
田中美帆　2001　インターネット上の自己とオフラインの自己とのずれを規定する要因の検討―自意識特性，対人関係性，精神的健康，インターネット空間への捉え方に着目して―　お茶の水女子大学大学院人間文化研究科修士論文（未公刊）

人名索引

●A
Ackerman, N. W.　60
Adler, G.　120

●B
Bacal, H. A.　14, 15
Baudelaire, C. P.　50
Beck, A. T.　118
Bowlby, J.　30, 39, 58
Buie, D. H.　120

●C
Chapman, A. H.　8
Chapman, M. C. M. S.　8

●E
榎本淳子　42
Erikson, E. H.　21, 25

●F
Fairbairn, W. R. D.　3
Fonagy, P.　59
Freeman, A.　118
Freud, A.　22
Freud, S.　15
Friedman, L. J.　22
Fromm, E.　104
Fromm-Reichman, F.　104
藤井恭子　42, 44
藤川洋子　104
福島　章　36

●G
Gunderson, J. G.　116, 119, 120

●H
服部孝子　94
Hazan, C.　30
Howes, C.　30

●I
井上公大　103
伊藤芳朗　50
岩瀬庸理　27

●J
Jenkins, R. L.　59
Jung, C. G.　3

●K
笠原真澄　48
柏木恵子　39
川畑直人　104
河合隼雄　100
Kernberg, O. F.　116
菊池武剋　55
木村　敏　3
岸本葉子　94
Kohut, H.　14, 16, 57
近藤邦夫　22, 25

●L
La Freniere, P. J.　30
Linehan, M. M.　116, 121

●M
町沢静夫　70, 117
Masterson, M. D.　116, 119
松井　豊　32
Millon, T.　116
三島浩路　47
宮部みゆき　128
村瀬孝雄　22, 25

人名索引

● N
永井 撤　43
長沼恭子　42
中井久夫　9
中村雅彦　47
Nesse, R.　125
日本子ども家庭総合研究所　31
西平直喜　50

● O
落合恵子　49
落合良行　42, 44, 88
岡田 努　44
小此木啓吾　26
小塩真司　42
小沢一仁　101

● R
Rutter, M.　59

● S
斉藤 学　53
佐野洋子　95
佐藤有耕　42, 44
Shaver, P.　30
柴橋祐子　42
Simmons, R.　91
霜山德爾　125

総務庁青少年対策本部　31, 33, 77
Sroufe, L. A.　30
Stolorow, R. D.　14, 20
Storr, A.　3
杉浦 健　94
Sullivan, H. S.　7, 8, 55

● T
詫摩武俊　43
田中千穂子　36, 54
田中美帆　128
鑪 幹八郎　27
田嶌誠一　84
Thompson, C.　104
遠山 敏　106

● U
上野行良　42
内沼幸雄　3

● W
渡辺久子　39
Willock, B.　58
Winnicott, D. W.　37, 39

● Y
山田和夫　43
山田昌弘　125

事項索引

●あ
愛情剥奪　39
愛着　58
愛着ネットワーク　39
愛着理論　30
悪意　11
悪意のある変容　58
アクチュアリティ　25
アセスメント　37
アダルト・チルドレン　53
誤った思いこみ　93
安全操作　56
安定型　30

●い
生きにくさ　55
生け贄の羊　60
いじめ　91
居場所　113
隠蔽と欺瞞　11

●え
エンアクトメント　105
援助交際　124

●お
老いと死の受容　127
オーガナイジング原則　21
all good, all bad　68

●か
絵画療法（円枠感情表出法）　79
解決技法　114
介護　127
外在化　58

回避型　30
解離　9, 63
鏡自己対象　19
家族システム　113
関係性　2
関係性障害　39

●き
希薄化　31
基本的信頼感　95
気むずかしい境界性人格障害　71
虐待　49
境界性人格障害　67
教護院（児童自立支援施設）　107
矯正施設　106
勤勉性　24

●け
携帯電話　77
ケータイ依存　37
結婚観　33

●こ
行為障害　36
合意による確認　13, 105
攻撃的な否認　58
合理化　10
告白性　43
子育ての意味　103
孤独感　88
コンパニオン・アニマル　78

●さ
罪悪感　24
斉一性　26
再構築精神療法　119
参与観察者　104

141

事項索引

●し
自己愛　15, 42
自己愛性行動障害　57
自己実現　3
自己心理学　14
自己組織　9
自己対象　17
自己－対象転移　17
自己破壊的境界性人格障害　72
自傷行為　41
失望した境界性人格障害　70
児童統合失調症　41
自発性　24
自閉症　41
社会的ネットワーク　39
社会的ひきこもり　65
熟年離婚　126
詳細な質問　105
衝動的境界性人格障害　71
初等少年院　107
自律性　24
心的外傷　63
親友関係　13
信頼　24

●す
推察能力　59

●せ
成熟した自己愛　16
絶対的二分法　118
節度のある押しつけがましさ　84
禅　121
前青春期　13
選択的非注意　9, 56

●そ
相互作用的　25

●た
相互認証の失敗　26

対人関係の場　105
対人関係論　56
対人的安全保障　8
第二の誕生　4
体罰　50
対話　100
縦のつながり　37

●ち
地域システム　111
チャム　60

●つ
対　22
ツーパーソン心理学　14
つきあい方の広さ　46
つきあい方の深さ　46
「つらさ」の免疫理論　125

●て
抵抗（アンビバレント）型　30
DSM-Ⅳ-TR　67
適応指導教室　66
テレビゲーム　76
転移（理想化転移）　17

●と
投影　58
投影同一化　38
統合性　28

●な
内的作業モデル　30, 58, 63
成田離婚　126

●に
乳幼児・児童神経症　41

人間同一種仮説　104
認知療法　118

●ね
ネット上のコミュニケーション　128

●の
能動的　25

●は
恥・疑惑　24
花さき山　98
パラサイト・シングル　125
パラタクシックなゆがみ　56

●ひ
非行臨床　103
否定的アイデンティティ　28
ひとりでいられる能力　37
表層化　31

●ふ
不安　9
不安の程度　105
福祉相談　110
不信　24
不登校　61
フリースクール　66
フリースペース　66
ふれ合い恐怖　44
分裂機制（splitting）　68

●へ
閉鎖性　43
弁証法　121
弁証法的認知行動療法　121

●ほ
母子分離　64
母子分離不安　40

ホスピタリズム　38
母性剥奪　58
本物性　105

●ま
まちがった相互認証　27

●み
見えない虐待　54
見捨てられ抑うつ　119
看取り　127
民生委員　67

●む
結びつける　22

●も
モニタリング　113

●や
やさしい暴力　54
やさしさ　56
やさしさへの欲求　11
山アラシ・ジレンマ　44

●よ
横のつながり　37

●り
離婚観　33
理想化自己対象　19
リビドー　15

●れ
劣等感　25
恋愛行動　32
連続性　26

●わ
ワンパーソン心理学　14

【執筆者一覧】

伊藤美奈子	編者	1-1，付章，コラム5
宮下　一博	編者	コラム2，4
石金　直美	大阪大学	1-2-1
和田　秀樹	国際医療福祉大学	1-2-2
杉村　和美	名古屋大学	1-2-3
林　　智一	大分大学	2-1
佐藤　有耕	筑波大学	2-2-1，3-2-1
小澤理恵子	山梨大学（非常勤）	2-2-2，3-2-2
川畑　直人	京都文教大学	2-2-3，3-2-3
藤岡　孝志	日本社会事業大学	2-2-4，3-2-4，コラム9
町沢　静夫	町沢メンタルクリニック	2-2-5，3-2-5
吉田　圭吾	神戸大学	3-1

■コラム

福田　佳織	東洋学園大学	コラム1
松井　　豊	筑波大学	コラム3
木村　文香	お茶の水女子大学大学院	コラム6，7
山田　裕子	東京学芸大学大学院	コラム8
向井　隆代	聖心女子大学	コラム10
山田　昌弘	東京学芸大学	コラム11
岡本　祐子	広島大学大学院	コラム12，13
田中　美帆	お茶の水女子大学	コラム14

【編者紹介】

伊藤美奈子（いとう・みなこ）

1960年　大阪府に生まれる。
1995年　京都大学大学院教育学研究科博士課程単位取得満了
現在　慶應義塾大学教職課程センター教授（博士（教育学））

主著・論文

スクールカウンセラーの仕事（単著）　岩波書店　2002年
思春期の心さがしと学びの現場（単著）　北樹出版　2000年
学校臨床心理学・入門―スクールカウンセラーによる実践の知恵―
　（共編著）　有斐閣　2003年

宮下一博（みやした・かずひろ）

1953年　東京都に生まれる
1981年　広島大学大学院教育学研究科博士課程後期中退
現　在　千葉大学教育学部教授

主著・論文

心理学マニュアル質問紙法（共編著）　北大路書房　1998年
アイデンティティ研究の展望V-1，V-2（共編）　ナカニシヤ出版
　1998，1999年
高校生の心理2　深まる自己（共著）　大日本図書　1999年
子どもの心理臨床（共編著）　北樹出版　1999年
子どものパーソナリティと社会性の発達（共編著）　北大路書房
　2000年
キレる青少年の心（共編著）　北大路書房　2002年
ひきこもる青少年の心（共編著）　北大路書房　2003年

シリーズ 荒れる青少年の心	―関係性の病理―

傷つけ傷つく青少年の心

発達臨床心理学的考察

2004年9月20日　初版第1刷発行
2006年7月5日　初版第2刷発行

定価はカバーに表示
してあります。

編著者　伊藤　美奈子
　　　　宮下　一博

発行所　㈱北大路書房

〒603-8303　京都市北区紫野十二坊町12-8
電　話　(075) 431-0361㈹
ＦＡＸ　(075) 431-9393
振　替　01050-4-2083

ⓒ2004　制作/ラインアート日向・華洲屋　印刷・製本/亜細亜印刷㈱
検印省略　落丁・乱丁本はお取り替えいたします

ISBN4-7628-2404-6　Printed in Japan